DANS L' TRAIN

ÉMILE COLIN — IMPRIMERIE DE LAGNY

GYP

DANS L'TRAIN

PARIS
ERNEST FLAMMARION, ÉDITEUR
26, RUE RACINE, PRÈS L'ODÉON

Tous droits réservés.

DANS L' TRAIN

A UN BAL COSTUMÉ. — AU BUFFET.

M. DE GLASSON, en balayeur Louis XV. Trente-cinq ans, très grand, élégant, l'air correct et sérieux.
M{{lle}} PAQUERETTE DE LYANE, en Salomé. Élancée, blonde, rose, très jolie. Marche sans parler au bras de M. de Glasson.

M. DE GLASSON, *il pense*. — Pas bavarde, ma danseuse !... et dire que je me suis laissé aller à lui demander le cotillon !... Ma mère a la rage de me marier... et elle a tort !... ma femme m'ennuiera... je sens ça d'avance... c'est écrit dans l'air... Voyons ?... quoique je n'aie pas très envie d'épouser cette... « entrevue » ci... je vais suivre mon personnage jusqu'au bout... Education austère — m'a dit maman, — principes sévères... peu ou pas de monde... légèrement sentimentale... veut être aimée pour elle-même !... Qu'est-ce que je vais bien lui dire, à cette innocente jeune personne?... je ne sais pas parler aux innocentes... le manque d'habitude !... Enfin, je retrouverai bien dans ma mémoire quelques bonnes vieilles phrases... ça fait toujours bien... les jeunes filles doivent aimer ça!... Dommage que ça soit niaison, roucoulant et sentimental, les jeunes filles, sans ça, ce serait gentil... celle-ci surtout... elle est vraiment bien jolie et pas mal habillée du tout... de beaux bras, qu'elle montre franchement... une poitrine qui se dresse... le costume exact... sauf que les pieds ne sont pas nus... Elle ne parlera pas... il faut absolument que ce soit moi qui commence... (*Il examine Pâquerette à la dérobée.*)

PAQUERETTE, *à elle-même*. — Pas liant, M. de Glasson!... Grand Dieu! si j'épousais ce monsieur-là, je crois que je mourrais d'ennui au bout de huit jours!... Il m'a invitée pour le cotillon et je n'ai pas osé refuser, à cause de maman qui me faisait des signes... Pauv' maman!... c'est son idée fixe, ce mariage!... Il n'est pas laid, du reste, M. de Glasson... mais il a l'air sévère et correct... et moi je déteste les gens corrects!... Maman m'a accablée de recommandations... « Pâquerette, il n'aime que les femmes raisonnables, instruites, sérieuses... il a horreur des futilités, du papotage inutile, de la coquetterie... Heureusement, toi, tu es modeste, douce, réservée, timide... tu n'as pas les allures des jeunes filles modernes... » Pauv' maman! c'est bien pour lui faire plaisir!... J'ai une faim!... j'espère qu'il va me faire manger quelque chose?... Il a l'air indécis... Approcherons-nous du buffet... approcherons-nous pas?... Décidément il n'est pas débrouillard... nous restons là en plan... tout le monde nous passe dessus... Il peut avoir de très grandes qualités, mais ce n'est pas un mari pour aller dans les foules!... S'il parlait, au moins, je m'ennuierais peut-être moins?... et encore, je n'en sais trop rien!... (*Regard à travers les cils.*)

M. DE GLASSON, *faisant un effort pour parler.* — Je vous demande pardon de ne pas vous mener plus vite au buffet, mademoiselle, mais cette foule est si compacte...

PAQUERETTE. — Oh! je ne suis pas pressée, monsieur... (*A elle-même.*) Est-ce assez niais, cette réponse?... J'espère que oui!...

M. DE GLASSON. — Charmant, ce bal, n'est-ce pas, mademoiselle?...

PAQUERETTE. — Tout à fait charmant...

M. DE GLASSON, *à lui-même.* — Ma tête se brise... je ne trouve pas un mot à articuler!... (*Haut.*) Malheureusement, la chaleur augmente... il fait étouffant!...

PAQUERETTE, *très grave*. — Les bougies coulent beaucoup!... (*A elle-même.*) Je tâche de me maintenir à la hauteur, mais si ça continue, ça ne va pas être facile...

M. DE GLASSON. — J'ai eu le plaisir de vous apercevoir hier au Bois...

PAQUERETTE. — Ah! oui, je suis montée à cheval hier matin...

M. DE GLASSON. — Et, vous comprenez, mademoiselle, que, quand on a eu le bonheur de vous apercevoir... on... on ne...

PAQUERETTE, *à elle-même*. — Il ne sortira jamais de cette phrase-là si je ne lui tends pas la perche... et je ne la lui tendrai pas...

M. DE GLASSON. — Il est impossible de vous oublier...

PAQUERETTE, *modeste*. — Oh! monsieur! (*A elle-même.*) Il en est sorti!!!

M. DE GLASSON. — Aimez-vous à monter à cheval, mademoiselle?...

PAQUERETTE. — Beaucoup...

M. DE GLASSON. — Quel bel animal que le cheval!... ne trouvez-vous pas?... (*S'embrouillant dans sa phrase.*) Cette bête qui... que...

PAQUERETTE, *n'y tenant plus.* — Qui est la plus noble conquête de l'homme...

M. DE GLASSON, *interdit.* — J'allais le dire...

PAQUERETTE, *à elle-même.* — Je le pensais bien!...

M. DE GLASSON, *parvenant enfin à faire passer Pâquerette près du buffet.* — Qu'est-ce que vous mangerez?...

PAQUERETTE. — Ce que vous voudrez, monsieur...

M. DE GLASSON. — Mais qu'aimez-vous?...

PAQUERETTE, *s'oubliant.* — Tout!... et j'ai une faim !...

M. DE GLASSON, *surpris, à lui-même.* — Tiens! elle a bien dit ça!... (*Haut.*) Voulez-vous d'abord un consommé?...

PAQUERETTE. — Je veux bien... (*Elle boit de tout son cœur.*)

M. DE GLASSON. — Je suis doublement heureux, en voyant ce bon appétit, d'être parvenu à vous frayer un chemin...

PAQUERETTE, *distraite, fredonnant* :

Ne frayez pas, pour retourner en France,
Un aut' chemin que celui de l'honneur...

M. DE GLASSON, *qui a mal entendu*. — Vous dites, mademoiselle?...

PAQUERETTE. — Rien, monsieur... rien... (*A elle-même.*) Mon Dieu ! si maman m'avait entendue!... C'est qu'il a de si drôles de phrases, ce monsieur !... toujours des vieux clichés : « foule compacte, frayer un chemin ». S'il s'ennuie autant que moi, je le plains, toujours!...

M. DE GLASSON. — Est-ce que vous aimez la campagne, mademoiselle?...

PAQUERETTE. — Et vous?...

M. DE GLASSON, *à lui-même*. — Une question au lieu d'une réponse... Il paraît que toutes les femmes sont les mêmes, innocentes ou autres!... (*Haut.*) Moi, j'aimais la campagne lorsque je faisais valoir, lorsque j'élevais, mais aujourd'hui que l'agriculture...

PAQUERETTE, *machinalement*. — Manque de bras...

M. DE GLASSON. — Et surtout d'essor...

PAQUERETTE. — La pensée aussi...

M. DE GLASSON, *étonné*. — La pensée?...

PAQUERETTE, *distraite, mangeant un aspic de crevettes*. — Parce que : « l'essor de la pensée!... » (*A elle-même.*) Allons! bon!... je ne sais plus ce que je dis!... ce n'est pas ma faute... c'est ce singulier langage...

M. DE GLASSON, *à lui-même*. — Elle n'a pas beaucoup de suite dans les idées, mais elle est bien jolie mangeant ses crevettes... elle a un drôle de petit bec en pointe... (*Haut.*) Vous, mademoiselle, je suis bien sûr que vous préférez Paris à la campagne?... on aime à s'amuser quand on est au début de la vie...

Paquerette, *entre ses dents*. — A la fleur de l'âge...

M. de Glasson. — Vous dites, mademoiselle?...

Paquerette. — Je dis que j'aime aussi la campagne...

M. de Glasson. — Sans doute, vous devez savoir vous occuper, vous suffire à vous-même... vous êtes, m'a-t-on dit, excellente musicienne...

Paquerette. — Je chante un peu...

M. de Glasson. — Je suis certain que vous jouez aussi du piano... j'adore le piano !...

Paquerette, *à elle-même*. — Comme ça tombe bien !... moi qui l'exècre !...

M. de Glasson. — J'espère avoir l'honneur d'être admis à vous entendre ?...

Paquerette. — Oh ! tant que vous voudrez ! (*A elle-même.*) Il parle comme un discours de réception à l'Académie Française:
« Messieurs, l'honneur d'être admis à

m'asseoir en votre compagnie... » Ça doit être rudement fatigant de parler comme ça !

M. DE GLASSON. — C'est, je crois, le mardi que Mme de Lyane reçoit ?...

PAQUERETTE. — Oui, monsieur, c'est le mardi... (*A elle-même.*) que maman « exerce les droits sacrés de l'hospitalité »... J'avais envie de lui répondre ça... Bah !... il ne s'en serait peut-être pas aperçu !...

M. DE GLASSON. — Ce costume de Salomé vous va à ravir...

PAQUERETTE, *à elle-même.* — « Sied » à ravir eût été plus dans sa note... la langue lui a probablement fourché...

M. DE GLASSON. — Et, quoique Salomé soit brune dans la tradition...

PAQUERETTE, *à elle-même.* — V'lan ! « la tradition » manquait !... (*Haut.*) Oui... j'aurais dû mettre une perruque noire...

M. DE GLASSON. — Oh ! mademoiselle, cacher vos ravissants cheveux blonds !... mais vous avez au contraire fait un joli tour de force, en exécutant une symphonie en jaune...

PAQUERETTE, *à elle-même.* — Aïe ! j'attendais la symphonie !...

M. DE GLASSON, *continuant.* — Une symphonie en jaune, qui ne nuit pas au blond de vos cheveux... D'ordinaire le jaune ne sied qu'aux brunes...

PAQUERETTE, *à elle-même.* — Le voilà donc, le « sied » !

M. DE GLASSON. — Il éteint et pâlit les blondes...

PAQUERETTE. — Croyez-vous ?... (*A elle-même.*) C'est un poncif...

M. DE GLASSON, *à part, la regardant.* — Elle est décidément exquise ! Quel meurtre d'empailler ces petites créatures-là !... de les forcer à passer toutes dans un même moule... Je me fais le plus banal que je peux, et je me demande si, malgré ça, elle me comprend ?... Si je risquais un semblant de déclaration ?... comment m'y prendre?... (*Haut.*) Mademoiselle?...

PAQUERETTE, *qui semble préoccupée.* — Monsieur...

M. DE GLASSON. — A quoi pensez-vous?... vous semblez rêveuse?...

PAQUERETTE. — Je pense que vous seriez bien aimable de m'attraper un petit pain... là-bas, voyez-vous?... un petit doré...

M. DE GLASSON. — Voilà, mademoiselle... (*A elle-même.*) Et il y a des penseurs qui se demandent à quoi rêvent les jeunes filles, et des naïfs qui croient que c'est à eux..

PAQUERETTE, *le regardant.* — Et vous, à quoi pensez-vous?...

M. DE GLASSON. — Je me dis qu'il doit être difficile... très difficile de vous plaire...

PAQUERETTE. — Mais oui... pourquoi vous dites vous ça?...

M. DE GLASSON, *à part.* — Tant pis! je me lance... (*Haut.*) Parce que je vous trouve si charmante, que je serais bien heureux d'espérer que... qu'un jour... vous consentiriez...

PAQUERETTE, *riant malgré elle.*— A « couronner votre flamme ! »...

M. DE GLASSON, *interdit*.— Vous vous moquez de moi...

PAQUERETTE. — Presque pas !... (*Riant.*) Ah ! c'est que ce langage est d'un cocasse !... Non, là, vrai !... dites-moi que vous ne parlez pas toujours comme ça !... que c'est à mon intention seulement que vous avez sorti ces phrases-là ?... Ça ne me flattera pas, oh non !... mais ça me rassurera pour vous...

M. DE GLASSON, *saisi*.— Excusez ma gaucherie, mademoiselle, mais je ne sais comment vous dire...

PAQUERETTE. — Votre gaucherie, allons donc !... Vous m'avez prise pour une ingénue de *Mossieu Scribe*, voilà tout !... Comme on sait que vous ne voulez épouser qu'une jeune fille de ce calibre-là, on...

M. DE GLASSON. — Permettez...

PAQUERETTE, *continuant.* — On vous a dit

que j'appartenais à cette intéressante catégorie... Eh bien ! on vous a trompé... vous pouvez causer avec moi et ne pas arborer, pour me parler, un jargon suranné qui me surprend, mais qui ne m'épate pas...

M. DE GLASSON, *stupéfait.* — Mais en vérité...

PAQUERETTE. — « En vérité je vous le dis !!! » (*Riant.*) Vous êtes incurable !...

M. DE GLASSON. — Savez-vous bien que vous êtes tout à fait déconcertante ?...

PAQUERETTE. — Que non !... à présent, surtout !... en quoi serais-je déconcertante ?... je ne compte plus pour vous et vous ne comptez plus pour moi...

M. DE GLASSON, *voulant protester.* — Mais...

PAQUERETTE. — ... De sorte que nous redevenons nous-mêmes et nous tâchons de nous ennuyer le moins possible, puisque nous devons achever la soirée ensemble... à moins que vous ne préfériez reprendre votre liberté, auquel cas je reprends, moi, mon cotillon.....

M. DE GLASSON, *la regardant.* — Jamais de la vie !

PAQUERETTE. — Alors, attrapez-moi encore un petit pain au foie gras... j'ai une faim atroce !... Merci.... Dites donc ?... est-ce que, en intriguant beaucoup, vous ne pourriez pas m'avoir un peu de gelée ?... elle est bonne, la gelée !... (*Elle passe sa langue sur ses lèvres.*)

M. DE GLASSON, *riant.* — Vous êtes gourmande ?...

PAQUERETTE, *avec âme.* — Oh ! oui !... on vous l'a dit ?...

M. DE GLASSON, *riant toujours.* — Non... je le vois !...

PAQUERETTE, *toute rouge.* — Vous trouvez ça vilain ?...

M. DE GLASSON. — Je trouve ça adorable, au contraire ! (*Il lui enlève sa soucoupe et lui passe une caille au carry.*) Vos petites narines roses s'agitent... vos yeux papillotent drôlement... vos lèvres se retroussent...

Ah! vous êtes bien la plus gentille petite gourmande que je connaisse, allez!...

PAQUERETTE. — Et vous, vous ne mangez pas?...

M. DE GLASSON. — Si... tout à l'heure, quand je ne vous regarderai plus... Voulez-vous une glace?.....

PAQUERETTE. — Non... une tranche de melon frappé au marasquin... et une gaufre... Merci...

M. DE GLASSON, *riant*. — Vous ne voulez plus rien?...

PAQUERETTE. — Moquez-vous bien!... je prends des forces pour le cotillon... Une valseuse qui ne soupe pas, voyez-vous, c'est comme un cheval de course qui ne mange pas son avoine... ça n'a ni cœur ni jambes... Asseyons-nous pour manger ma tranche de melon, voulez-vous?... (*Elle se dirige vers un S placé dans un angle, sous un palmier.*)

M. DE GLASSON, *s'asseyant en face d'elle*.

sur l'S. — Alors, vous m'avez trouvé absolument ridicule ?...

Paquerette, *souriant*. — Dame !...

M. de Glasson. — Oui... c'est vrai !... Eh bien, c'est pourtant le désir de vous plaire qui m'a rendu bête comme ça... On m'avait dit : c'est une jeune fille austère, sérieuse, un peu sentimentale...

Paquerette. — Oh ! je sais bien que j'ai une mauvaise réputation, mais je ne la mérite pas !... je suis gaie bien plus qu'un pinson... rien ne me choque, tout m'amuse... et j'aime tout !...

M. de Glasson, *en extase*. — ......

Paquerette. — Alors, à présent que nous voyons que nous ne pouvons pas nous convenir, causons !... Racontez-moi *Viveurs ?*...

M. de Glasson. — *Viveurs ?*... Ah ! jamais, par exemple !

Paquerette. — J'avais si envie de voir ça !... mais papa n'a pas voulu en entendre parler...

M. de Glasson. — M. Prudhomme et moi vous dirons que ça prouve que monsieur votre père est un homme de grand sens... Vous aimez le théâtre ?...

Paquerette. — Passionnément !... et je ne connais que le théâtre ennuyeux !... Alors, c'est inconvenant, *Viveurs* ?... J'ai vu *Tartufe*... un mardi, par surprise... la voiture n'était pas là... Est-ce que c'est plus inconvenant que *Tartufe* ?...

M. de Glasson. — C'est un autre genre...

Paquerette. — Ah ! vous ne faites pas des réponses compromettantes, vous !... On m'a dit que vous peignez... que vous avez un joli talent... est-ce que c'est vrai ?...

M. de Glasson. — C'est vrai que je peins... j'aimerais à faire votre portrait dans ce costume-là...

Paquerette. — La symphonie en jaune majeur ?...

M. de Glasson. — Ne soyez pas méchante !...

PAQUERETTE. — C'est que c'était si banal!...
Et ce préjugé antique et bête qui prétend
que le jaune ne va qu'aux brunes!... Mais
le seul privilège des blondes, c'est de pouvoir, au contraire, porter toutes les couleurs!... Une brune est toujours laide en
bleu pâle, tandis qu'une blonde n'est pas
nécessairement vilaine en jaune... Et le
piano?... dites-moi que vous ne l'aimez pas,
le piano?... que vous avez dit ça parce que
vous pensiez que j'en jouais?...

M. DE GLASSON. — Je l'aime, si vous en
jouez...

PAQUERETTE. — Jamais!... je joue de
l'orgue, de la cithare et de la harpe... C'est
joli, hein, la harpe?...

M. DE GLASSON. — Je vous entendrai?...

PAQUERETTE, *moqueuse*. — Vous serez
(*l'imitant*) « admis à cet honneur... »

M. DE GLASSON. — C'est à la campagne,
que vous travaillez tout ça?...

PAQUERETTE. — Oh! non!... à la campagne, je suis toujours dehors...

M. DE GLASSON. — Mais, à Paris, vous ne devez pas non plus avoir le temps... les visites, les couturières, les amies...

PAQUERETTE. — Je ne fais guère de visites et je n'ai pas d'amies... je connais quelques jeunes filles, mais je ne suis liée qu'avec ma sœur...

M. DE GLASSON. — Ah! (*A lui-même.*) Pas de piano et pas d'amies !!! mais c'est-à-dire que c'est une femme unique !... (**Haut.**) Est-ce que vous chassez beaucoup ?...

PAQUERETTE. — Moi !... mais imaginez-vous que je ne tuerais même pas une araignée... Oh! non! je ne chasse ni à tir, ni surtout à courre !... ça me ferait une peine affruese !... c'est bête, n'est-ce pas ?...

M. DE GLASSON. — Ce n'est pas moi qui trouverai jamais ça !... Quand, par hasard, je rencontre mes voisins qui chassent à courre et qui ont perdu la bête... je les remets toujours dans le bon chemin... en lui tournant le dos!... A tir, c'est différent... on ne fait pas souffrir les animaux !...

PAQUERETTE. — C'est moi que ça fait souffrir!... J'ai une peau à laquelle le recul du fusil fait des noirs!... oh! mais, des noirs !!!... quand je tirais à la cible j'avais l'air d'une panthère ou d'une dinde truffée... Alors, maman n'a plus voulu... parce que, au bal, c'était affreux !...

M. DE GLASSON, *à lui-même, la regardant avec admiration.* — Le fait est qu'elle a une peau !!! (*Haut.*) Si vous ne chassez ni à tir ni à courre, qu'est-ce que vous faites à la campagne? car les journées sont vraiment longues...

PAQUERETTE. — Je ne trouve pas ça !... je monte à cheval, deux chevaux tous les jours... je canote, je joue à la paume, au tennis... quelquefois nous faisons des rallyes papier... Et puis, je lis, je fais de la tapisserie, je peins des paravents, des plafonds, enfin, je m'amuse... je n'ai pas le souvenir de m'être jamais ennuyée une minute... moi-même, s'entend, parce qu'on m'a ennuyée quelquefois...

M. DE GLASSON. — Moi, par exemple, tout à l'heure?...

PAQUERETTE *avec âme*. — Oh! oui!... Ah! mon Dieu!... j'ai peur qu'on m'emmène avant le cotillon!...

M. DE GLASSON. — Madame votre mère m'a promis que...

PAQUERETTE. — Maman, oui, mais c'est papa!... Il fait son œil pour s'en aller... là-bas, dans la porte du grand salon... je le connais bien, allez, son œil pour s'en aller!... Eh bien, ça m'ennuie beaucoup, je me réjouissais du cotillon...

M. DE GLASSON. — Et moi donc!...

PAQUERETTE. — C'est vrai! je suis tout à fait à mon aise avec vous depuis que je me suis montrée telle que je suis... Comme je

sais que vous ne voulez pas d'une femme
« dans l' train »...

M. de Glasson. — Vous croyez ça ?...

Paquerette, *interdite*. — Comment, est-ce que...

M. de Glasson. — Oui, votre train me plaît infiniment, et si monsieur votre père persiste dans son œil de départ, demain, dès l'aurore, il me verra poindre pour demander votre petite main... Je la lui demanderais bien ce soir, mais dans ce costume de balayeur...

Paquerette, *le toisant*. — Oui... quoiqu'il soit Louis XV, ça ne serait pas à faire !...

CODE DU MARIAGE

I

CONVENANCES

D. — *Quand est-on vraiment prêt pour le mariage de convenances ?*

R. — On est vraiment « en condition » pour le mariage de convenances, lorsqu'on est fatigué de la vie de garçon.

D. — *Qu'appelle-t-on être fatigué de la vie de garçon ?*

R. — On appelle, en langage parlementaire : « être fatigué de la vie de garçon », être aux trois quarts ruiné, tout à fait même, si on le préfère ; être fini, grincheux, fané, malade et, surtout, complètement écœuré des femmes.

D. — *Que cherchent ceux qui, fatigués de la vie de garçon, se décident à se marier ?*

R. — Ceux qui se décident à faire cette irréparable boulette veulent trouver réunis sur une seule tête (jolie autant que possible) tous les avantages qui constituent le « beau mariage de convenances ».

D. — *En quoi consiste le beau mariage de convenances ?*

R. — Généralement, le beau mariage de convenances consiste en ceci :

Prendre une jeune fille de 17 à 21 ans, sortant du couvent, fraîche, innocente, naïve, avide d'apprendre à aimer, et la déposer dans les bras d'un monsieur qui aspire uniquement à un repos laborieusement gagné et devenu absolument nécessaire.

D. — *Toutes les jeunes filles, destinées par les familles prévoyantes au mariage de convenances, sont-elles dans les mêmes conditions ?*

R. — Non. Quelquefois la jeune fille, loin d'être innocente et naïve, est rouée comme une petite potence. Au lieu d'être avide d'apprendre ce qu'elle ignore, et d'aimer de tout son cœur et toute sa vie celui qui le lui apprendra, elle s'apprête simplement à mettre en pratique tout ce qu'elle devine, et ne considère le mari que comme l'initiateur obligatoire, imposé par la religion et la loi. C'est une sorte de port d'armes qui permet de chasser légalement.

D. — *Croyez-vous qu'il en soit toujours ainsi ?*

R. — Oui. De quelque côté que l'on se tourne, on se trouve, au lendemain des mariages de convenances, en face de révélations imprévues, de surprises grotesques. La pauvre fillette honnête et aimante pleure ses illusions perdues. Le Monsieur qui s'est marié « pour vivre tranquille » est vaguement inquiet.

D. — *N'y a-t-il que ce genre de mariage de convenances?*

R. — Il y a encore celui qui unit à un jeune homme candide, vertueux et un tantinet sournois, élevé chez les Pères, une fille de vingt-cinq ans, délurée, ruisselante de santé et d'imagination, coquette en diable et ayant accordé, de droite et de gauche, tout ce qui peut se donner plusieurs fois.

D. — *De quelle façon s'y prend-on pour faire un beau mariage de convenances ?*

R. — On s'y prend de plusieurs façons. On peut s'adresser :

1° A sa famille.

2° A ses amis.

3° Aux « Pères ».

4° Aux vieilles marieuses.

5° Aux agences.

6° Au hasard. C'est souvent ce qu'il y a de plus sûr et de mieux.

D. — *Dans quelles conditions doit-on choisir une femme ?*

R. — Si on a la chance de rencontrer une orpheline, il faut la prendre sans hésiter. A défaut d'orpheline, choisir de préférence une fille dont la mère soit déjà dans un monde meilleur. Le père suffira pour se disputer lorsqu'on le souhaitera et le reste du temps on pourra être tranquille.

D. — *Faut-il chercher une très grosse dot ?*

R. — Une belle dot : un million, par exemple ; mais pas de ces fortunes dégoûtantes, qui suent le pétrole, ou sentent à plein nez les conserves de Cincinnati. La femme épousée dans de telles conditions a beau être adorablement jolie et séduisante, on dégringole forcément à la situation du : « Monsieur qui a fait une affaire ».

D. — *Ne peut-on épouser une veuve ?*

R. — Jamais ! — à moins d'être extrêmement sûr de soi et du prestige que l'on a. Mieux vaut (à la rigueur) une femme qui ait eu plusieurs aventures qu'un seul mari, parce que, au moins, elle n'en parle pas.

D. — *Doit-on choisir une très jolie femme ?*

R. — Non. — Il faut choisir de préférence une jeune fille plutôt élégante et agréable que très jolie. On sera tout aussi heureux et infiniment plus tranquille, ou, du moins, on croira qu'on peut l'être, ce qui revient exactement au même.

D. — *Doit-on épouser une femme intelligente ?*

R. — L'idée d'épouser une femme un peu sosotte ne devra pas effaroucher un homme d'esprit, au contraire. Les connaisseurs affirment qu'une femme douce, vertueuse, insignifiante, voire niaise, fait toujours le bonheur, ou peu s'en faut.

D. — *Comment doit-on agir, lorsqu'on s'adresse à sa famille pour être marié ?*

R. — On doit se garder de s'en rapporter à elle pour les renseignements sérieux, et aller soi-même aux informations avec un soin minutieux. Il faut agir de même si on s'adresse aux amis.

D. — *Si on s'adresse aux «Pères», quelle conduite faut-il tenir ?*

R. — On peut s'en rapporter absolument aux Pères, si c'est à eux qu'on s'est adressé. Si, au contraire, ils représentent la partie adverse, il faut agir avec la prudence du serpent et l'habileté de Machiavel. Témoigner néanmoins d'une confiance sans bornes dans leurs affirmations, et riposter du tac au tac par de contre-renseignements.

D. — *Comment s'y prend-on quand on s'adresse à la vieille marieuse ?*

R. — Avec la vieille marieuse, faire « celui qui ne se doute de rien ». Ne jamais soupçonner la source de ses revenus. Lui parler à cœur ouvert, avec des sanglots dans la voix et des intonations filiales, de la vie triste et isolée du célibataire. « On a horreur de cette existence vide et absurde, de ce foyer désert, qui semble toujours glacé!... Ah! si on pouvait rencontrer une jeune fille!... (Suit l'énumération des qualités que devra posséder ladite jeune fille.) Mais voilà... personne ne s'intéresse au viveur, duquel on ne connaît que les folies, la vie extérieure et tapageuse... personne ne se donne la peine de lire dans cette âme brisée et pourtant... etc., etc... »

D. — *Quels sont les résultats produits par ce discours ému ?*

R. — On est presque certain de recevoir, au lendemain de cette intéressante et touchante conversation, un petit billet ainsi conçu :

« Mon cher enfant,

» Votre sincérité m'a touchée. Je connais une jeune fille, une charmante créature que j'ai vue naître, et qui, sans aucun doute, vous apporterait les joies calmes que vous rêvez. Mais puis-je vraiment croire à votre conversion? N'aurai-je pas lieu de me repentir de ma confiance?

« Marquise de X.

» Venez dîner chez moi jeudi, elle y sera. Ne dites surtout pas que vous êtes bonapartiste, il n'y aurait rien de fait. »

D. — *Que doit-on faire quand on s'adresse aux agences?*

R. — Avec les agences, c'est moins cher et plus net. Et puis, on a la consolation de pouvoir le prendre de haut. On peut poser, on le doit même, car si on était poli, on n'aurait aucune valeur. On serait immédiatement placé avec le négociant de la rue des Petits-Carreaux, le provincial ridicule et le rastaquouère besoigneux. Ce n'est pas au monsieur humble et courtois qu'on offrirait « *la demoiselle de 18 millions* » (SANS FAUTE !) ou *la veuve de 44 ans, de 12 millions* (EN TERRES).

II

ENTREVUES

D. — *Où doivent, de préférence, avoir lieu les entrevues?*

R. — Si la jeune fille est brune, fraîche, rieuse, bien portante, agile et solidement bâtie, le Garden party est pour elle un excellent cadre. Il faut avoir soin de choisir une journée où il n'y ait ni vent, ni pluie, ni poussière, afin de ne pas exposer le sujet à avoir le teint fouetté, le nez marbré et les yeux roses.

D. — *Si, au contraire, le sujet est pâle et blond, quel cadre doit-on choisir?*

R. — L'Opéra est un cadre excellent parce qu'il a bon dos. Le sujet est-il comparé à un navet, par le postulant irrespectueux, ou son effacement complet semble-t-il inquiétant, aussitôt les négociateurs protestent que cet effet est produit par l'écrasement de la salle. Vue ailleurs, cette enfant est adorable; mais sa délicatesse de teint, ses cheveux clair de lune, ne peuvent supporter le voisinage d'une aussi formidable quantité d'ocre. *Le Monsieur qui désire se marier* se laisse entraîner dans la loge, on le présente, il se promet de revoir le sujet au jour, mais le premier pas est fait et c'est le plus difficile.

D. — *Quelle attitude doit avoir le monsieur présenté à une jeune fille à l'Opéra?*

R. — Il doit être correct, aimable sans empressement. Si on l'invite à rester pendant l'acte, il doit, s'il le peut, s'asseoir derrière le sujet. S'il s'aperçoit que le dit sujet est romanesque (un homme avisé voit tout de suite à qui il a affaire), il sera bon de sembler triste, d'écouter « *Sombres forêts* » d'un air attentivement pénétré, et avec autant d'intérêt que si on l'entendait pour la première fois. Aux passages passionnés, on vibrera. Puis, on se penchera doucement, en murmurant d'une voix plaintive une phrase quelconque sur l'immortel Rossini et les beautés de cette grande musique. Ne pas oublier surtout *les beautés de cette grande musique*. Ça ne veut rien dire du tout, c'est pourquoi cela produit toujours un excellent effet.

D. — *Doit-on causer et chercher à faire causer le sujet pendant le spectacle?*

R. — Oui. On fera bien d'attirer discrètement son attention sur les beautés du poème et de remarquer les passages où le sujet est empoigné. Si par hasard il se pâmait d'admiration en entendant chanter :

> Cet écueil
> Qui s'élève entre nous de toute sa puissance !...

ou encore :

> Il est donc sorti de mon âme...

Le postulant ferait bien de s'enfuir sans regarder derrière lui. Il est de ces choses par-dessus lesquelles un homme, si déterminé qu'il soit, ne peut vraiment pas passer.

D. — *Si le sujet n'est pas romanesque, mais au contraire bien moderne, quelle attitude devra prendre le monsieur ?*

R. — Il devra s'asseoir également derrière le sujet et, de temps en temps, lui parler d'une voix chaude. Tout en gardant une respectueuse distance, il devra s'arranger pour que son souffle arrive jusqu'à la nuque et fasse voler les petits cheveux. Cet effet s'obtient facilement, même de très loin, en poussant avec force la respiration. C'est un peu fatigant, mais il faut bien souffrir pour plaire. Il se gardera surtout de lancer un seul regard sur la scène pendant le ballet. Il devra faire clairement comprendre que depuis un quart d'heure il n'existe plus pour lui qu'une seule femme au monde, et par conséquent dans la salle.

D. — *Devra-t-il dire sur la musique quelques mots bien sentis ?*

R. — Il s'en gardera, au contraire. Tout au plus, lui sera-t-il permis, en entendant le cruel Gessler prononcer :

Pour un habile archer, partout on te renomme ;
Sur la tête du fils, qu'on place cette pomme.
Tu vas d'un trait certain l'enlever à mes yeux,
    Ou vous périrez tous les deux !

de s'écrier d'un air mollement convaincu :

— C'est vraiment pas mal du tout, ces *Huguenots !...*

Il a chance d'être remercié de son abrutissement par un éloquent regard.

D. — *Si la présentation a lieu dans un monde bourgeois, où la jeune fille ne compte jusqu'au mariage que comme un zéro, doit-on également s'installer derrière elle et lui souffler dans le cou ?*

R. — Jamais !... L'important est, dans ce cas, de plaire aux parents. On dira à la mère que sa loge est certainement la meilleure de la salle. On affirmera d'un ton pénétré qu'ici la voix arrive presque jusqu'aux oreilles du spectateur. On lui dira, qu'avant d'avoir l'honneur de lui être présenté, on avait remarqué ses chevaux et ses voitures. Puis, on tâchera d'amadouer le père. S'il est franchement vulgaire, on se mettra autant que possible à son niveau. S'il aime les calembours et les jeux de mots, on ira même jusqu'à lui en servir quelques-uns. Par exemple on lancera, d'un air détaché, une phrase dans ce goût-ci :

— Le trait de Guillaume Tell est le seul qui soit dans le poème !

Et après ça, vous êtes sûr de votre affaire. Ou on vous congédiera, ou vous serez classé parmi les beaux esprits contemporains.

D. — *Où les entrevues peuvent-elles encore avoir lieu ?*

R. — Dans mille endroits :

Au Bois, aux Courses, au Salon, aux expositions diverses, au Conservatoire et aussi dans les réunions privées : bals, visites, comédies « de société », lunch, five o'clock, etc... etc... Mais alors la présentation prend tout de suite un caractère presque intime et il est plus difficile de reculer si le sujet a déplu à première vue.

D. — *Quelle doit être, à un five o'clock, la mise d'un monsieur qui vient pour voir un sujet et être vu de lui ?*

R. — Très correcte, avec un brin de coquetterie. Redingote irréprochable, dissimulant les parties faibles. Rembourrées sous les omoplates, par exemple, si on a le dos rond, afin de les empêcher de saillir comme les attaches des ailes d'un ange ; savamment évidée au col, si on a plus ou moins ce qu'on est convenu d'appeler « la bosse de bison ». Cette légère difformité se rencontre fréquemment chez les sujets déterminés au mariage de convenances. Sa venue est même, le plus souvent, un des précurseurs de cette détermination.

Le col de la chemise sera droit, haut, légèrement cassé.

La cravate d'une nuance discrète et sympathique.

Le pantalon tombera droit avec le pli bien marqué.

Les bottines seront pointues sans exagération.

Les gants blancs ou gris perle.

On soignera tout particulièrement les menus objets qui peuvent être appelés à sortir de la poche à un moment donné :

mouchoir, carnet, crayon d'or. Surtout ne pas avoir de porte-monnaie. Rien que des louis dans une des poches du gilet.

Aucun parfum. Les jeunes filles étant quelquefois des êtres naïfs, qui s'imaginent qu'un « homme » ne se parfume que quand il sent mauvais.

D. — *Quelle doit être, à un five o'clock, la toilette d'une jeune fille?*

R. — D'une « exquise simplicité ». Il faut que le connaisseur puisse reconnaître, du premier coup d'œil, qu'elle a été combinée et exécutée par un couturier chic; mais il faut aussi qu'elle puisse être prise, par *l'homme simple qui n'y entend rien*, pour une robe faite *à la maison*, et même par le sujet lui-même. Pendant qu'on y est, autant mentir complètement.

Cette robe, à intentions multiples, sera bien collante si la taille et les hanches sont belles, et très bouffante si c'est un jeu d'osselets qu'il faut dissimuler. La couleur sera celle qui « ne devrait pas aller au sujet ». Par exemple, mastic si elle est blonde et bleu pâle si elle est brune. Ça, c'est le comble du *machiavélisme*. Si la toilette était assortie au teint et aux cheveux, on pourrait dire : « C'est la nuance qui la faisait valoir ! » tandis que, au contraire, on dira : « Malgré la nuance, elle était charmante ! »

Le chapeau sera sobre. Pas de panaches ni de flots de rubans exagérés.

D. — *Comment le sujet doit-il se coiffer ?*

R. — Le plus simplement possible. Les bandeaux à l'ange sont, si on peut les supporter, ce qu'il y a de mieux. Ils seront ondulés à grosses vagues calmes. Ne pas confondre surtout le petit bandeau à l'ange, court et modeste, avec le bandeau Montmartre qui cache les oreilles.

Rien d'envolé ni de frisé. Même raisonnement que pour la nuance de la robe. Il faut que les négociateurs puissent dire :

« Faut-il qu'elle soit jolie, hein, pour supporter cette coiffure-là ?... »

Ou encore :

« Elle est charmante, mais elle le sera bien davantage quand nous aurons ébouriffé tout ça ! »

III

POURPARLERS

D. — *Que fait le Monsieur après l'entrevue, lorsque la jeune fille lui paraît acceptable ?*

R. — Le Monsieur ne se laisse pas aller à l'attendrissement et se garde de tomber dans les bras de la famille. Il s'informe avec un soin infini des moindres détails de la fortune, car il n'a généralement, au moment de l'entrevue, que les principaux renseignements.

D. — *A qui faut-il s'adresser pour obtenir des renseignements sûrs ?*

R. — Il ne faut s'adresser ni aux parents, ni aux amis, ni aux ennemis de la famille dans laquelle on veut entrer. De ces côtés-là, on est certain d'être trompé, volontairement ou pas. Le mieux est de demander au notaire le détail de la fortune. Quand on a ce détail, on l'étudie consciencieusement et, si la jeune fille est jolie ou a vraiment plu, on s'interdit formellement de penser à elle et de la voir autrement qu'à travers les chiffres.

D. — *Quels arrangements doit-on accepter pour le paiement de la dot ?*

R. — La dot doit être exigée comptant le jour du mariage. Accepter un arrangement serait fort imprudent car, étant presque toujours brouillé peu après le mariage avec les beaux-parents, on risque de compliquer les affaires et d'en arriver à regretter une brouille qu'on a appelée de tous ses vœux.

D. — *En quoi doit consister la dot ?*

R. — En rente française, actions de la Banque de France ou obligations de chemins de fer. Sous aucun prétexte, on ne se laissera glisser la « Propriété » qui (soi-disant) rapporte tant, et coûte en réalité plus qu'elle ne rapporte. On écoutera respectueusement l'énumération des gains de l'année, sans faire observer que ni les pertes, ni les assurances, ni l'entretien des bâtiments, ni les récoltes gâchées ou manquées ne sont comptées au tableau. On se gardera d'ajouter qu'on dépense autant, sinon plus d'argent qu'à Paris, et qu'on est plus mal nourri et moins bien logé ; que tout est ennuyeux et compliqué et qu'on aimerait mieux rester éternellement garçon que de vivre là seulement pendant deux mois par an. On répondra d'un air doux et attristé : « qu'on regrette profondément de ne pouvoir profiter des magnifiques bénéfices qu'on entrevoit, mais qu'on est malheureusement incapable de faire produire à cette superbe terre ce qu'elle produit entre les habiles mains qui, jusqu'à présent, l'ont fait prospérer. » La famille fera la grimace, mais se décidera probablement à donner la valeur du revenu fantaisiste qu'elle garantissait, craignant, par un refus, de faire soupçonner sa bonne foi.

D. — *Ne peut-on accepter des fermes ou des maisons ?*

R. — Jamais, jamais, jamais ! Les chaumes s'écroulent ; les bêtes meurent ; les colzas coulent ; les blés ne se vendent pas ; les rats mangent l'avoine, qui n'a pas non plus trouvé d'acheteur ; les foins sont brûlés. Le fermier écrit régulièrement tous les six mois qu'il est au désespoir, mais qu'il lui est impossible de payer son terme et, le plus fort, c'est que c'est absolument vrai et qu'il n'y a rien à faire. On ne touche pas un sou.

Quant aux maisons, elles restent sans se louer pendant des années entières. Les locataires demandent continuellement des réparations, sans parler de celles que demande la maison elle-même. Les cheminées fument ; l'eau ne monte pas ; le gaz fuit ; les tuyaux crèvent ; le tapis de l'escalier s'use un nombre invraisemblable de fois ; les locataires se plaignent des concierges, qui se plaignent des locataires. On a beaucoup d'ennui et très peu d'argent.

D. — *Avec qui traite-t-on la question d'argent ?*

R. — Si on a affaire à des gens extrêmement chics, on traite avec le notaire. Dans ce cas, on peut montrer carrément une rapacité inouïe ; discuter pied à pied pour quelques milliers de francs pendant plusieurs heures consécutives ; arracher sou par sou une somme plus rondelette que celle promise d'abord ; en un mot, s'assurer les avantages pour lesquels, uniquement, on fait un mariage de convenances. On peut être révoltant, le notaire ne s'en étonnera pas. Il est habitué à ces façons de faire et n'a conservé que peu d'illusions sur le mariage moderne.

D. — *Quand on ne traite pas avec le notaire, avec qui traite-t-on ?*

R. — Avec le père défiant, qui se réserve ce soin et ne s'en rapporterait à personne.

D. — *Quelle attitude doit-on avoir vis-à-vis de ce père défiant ?*

R. — On doit ne pas sembler se douter qu'il cherche à vous fourrer dedans, et surtout ne pas lui laisser voir qu'on est animé des mêmes intentions à son égard. On écoute, impassible, les bourdes les plus insensées et les promesses les plus invraisemblables. On s'efforce de riposter du tac au tac et d'éblouir, si faire se peut. On ne perd pas un détail ni un chiffre, mais on affecte une physionomie distraite et rêveuse. On pense à « l'ange qu'on aura peut-être le bonheur de posséder ! » On tressaille, comme au sortir d'un songe, lorsqu'il faut répondre à une interpellation. On tâche de paraître absolument désintéressé et généreux. Ça ne trompe personne, et pourtant ça prend toujours quelqu'un. On donne ensuite, d'un air détaché, le nom des gens d'affaires ou des amis auxquels on désire « que la famille s'adresse pour plus amples renseignements », et on ajoute, d'un ton à la fois modeste et assuré, qu'on préfère que les précautions de la partie adverse soient bien prises, afin d'éviter dans la suite tout ce qui pourrait compromettre « le bonheur de l'aimable enfant qui... que... » etc., etc...

D. — *Quels sont les actes, papiers, etc., indispensables pour le mariage?*

R. — L'acte de naissance et, si les parents sont morts, leurs actes de décès, le tout légalisé par le tribunal. On aura soin de payer les petites sommes dues dans les mairies pour les copies desdits actes, afin qu'un jour, dans le feu de la discussion, la famille adverse ne vous reproche pas d'avoir acquitté cette dette minime à votre place.

Au cas où l'on ne pourrait obtenir facilement l'acte de naissance (ce qui est fréquent depuis l'incendie de l'Hôtel-de-Ville), on s'entêtera et on finira par se le procurer. Dans tous les cas, on évitera de se présenter muni d'un simple passeport ou permis de chasse : ce serait insuffisant. Lorsqu'il est impossible de présenter l'acte de naissance, on produit un acte de notoriété signé par sept témoins, qu'on a soin de choisir « très chics ». On peut même, au besoin (si l'on tient à stupéfier la famille par l'éclat des relations qu'on a), faire en sorte de montrer cet acte de préférence à l'acte de naissance banal et régulier, qui est à la portée de tout le monde.

D. — *Doit-on dire à la partie adverse la vérité sur l'âge, les relations, la façon de vivre et les habitudes bonnes ou mau-*

vaises qu'on a eues jusqu'à ce jour ?

R. — Il ne faut jamais dire la vérité, même si elle est plus favorable que ce qu'on invente. Lorsqu'on se laisse aller à la franchise, on le regrette toujours.

Il faut, si l'on a eu une jeunesse mouvementée, de nombreuses aventures et des culottes célèbres, affirmer qu'on adore la vie de famille, qu'on ne comprend pas le monde, l'agitation, « l'éreintement » qui s'appelle le plaisir. On dira cela d'un air calme, doux et enjoué, afin de ne pas laisser croire à une nature morose. On affirmera aussi qu'on ne joue pas et que la vue seule des cartes fait horreur, et l'on plaindra de tout cœur les malheureux qui se laissent entraîner dans le tourbillon fatal. On aura le vertige, rien qu'en « arrêtant une seconde sa pensée sur le gouffre qui engloutit tant d'existences ». On fera adroitement valoir les immenses avantages qu'a, pour une jeune fille, la possession d'un mari chaste par goût, sinon par tempérament. On remuera à pleines mains « les trésors de tendresse enfouis au fond d'une âme privilégiée, etc., etc... »

IV

COUR

D. — Que doit faire le candidat lorsqu'il est agréé ?

R. — Il doit commencer à faire « *sa cour* », c'est-à-dire se présenter régulièrement chez la jeune fille ; être aimable pour les parents, charmant pour les grands-parents et absolument en extase devant le sujet, même si le sujet lui inspire une invincible répulsion. Dans ce cas surtout, le candidat devra paraître absolument emballé.

D. — N'y a-t-il pas plusieurs moyens de faire la cour ?

R. — Oui, il y a plusieurs façons de faire la cour. Elles varient suivant l'âge, le tempérament, l'esprit et le physique du candidat et du sujet auquel il s'adresse.

D. — *Si le candidat est une nature timide, réservée et pudibonde, que doit-il faire ?*

R. — Il doit se faire passer pour un séducteur accompli, un duelliste émérite et un joueur passionné. Il mettra sur le compte de la débauche les petites rides, semblables à des grilles imperceptibles, qui défraîchissent son visage et ses mains, et la fatigue qui ternit ses yeux. Il parlera des femmes en connaisseur et du jeu en blasé. Il émaillera son discours de mots lestes et aura l'air de chercher à les rattraper dès qu'ils lui seront « échappés » malgré les efforts qu'il affirmera faire pour les retenir. Il déplorera, d'un ton sérieux et un tantinet mélancolique, les étourderies de sa jeunesse. S'il peut parvenir à persuader, à force d'allusions discrètes et de soupirs étouffés, qu'il y a dans sa vie un cadavre, (enfant naturel ou fille séduite), ça ne nuira pas, au contraire. On saura de quoi il est capable, la jeune fille s'intéressera à lui et s'efforcera d'y intéresser sa famille. Notez que si le sujet avait réellement fait le demi-quart de ce qu'il s'attribue ou se laisse attribuer, on le prierait immédiatement de passer au large.

D. — *En présence d'un sujet romanesque, quelle doit être l'attitude du candidat?*

R. — Il doit affecter une profonde indifférence, un mépris absolu pour l'idéal, blaguer les grands amours, les grands dévouements, toutes les grandes choses et les grands sentiments ; placer sur un piédestal le vice et fustiger la vertu. Cela, bien entendu, dans des termes aussi crus que le permet la présence et la qualité du sujet. Il affirmera hautement les idées les plus en contradiction avec celles de la partie adverse, et ne se lassera pas de lui faire comprendre qu'elle sera surtout aimée « matériellement ». Le candidat aura soin aussi de faire sonner bien haut les mérites de son excellente santé. Il parlera d'un air modeste de « son formidable appétit qu'il ne peut jamais complètement assouvir, etc... »

Les jeunes filles romanesques, sentimentales et frêles, raffolent des hommes vigoureux, matériels et rubiconds, et, si le candidat est malin, il se rendra immédiatement compte de cet état d'esprit.

D. — *Avec un sujet jovial et sensuel, quelle doit être la tenue du candidat ?*

R. — Il doit se faire sentimental, élégiaque et pâle, — autant que possible. — S'il a le temps, il serait même assez habile de se faire maigrir.

Il aura des attitudes penchées, des sourires langoureux, des regards perdus. Il ne laissera pas échapper une occasion de témoigner son mépris profond pour l'affreux réalisme qui tend à envahir la

France. Il parlera le langage des fleurs, récitera des vers de Lamartine ; citera fréquemment Bernardin de Saint-Pierre, au besoin même Virgile et M. André Theuriet. Si, comme c'est probable, le sujet effaré ne comprend pas un mot à ce pathos étrange, il sera utile de redoubler dans le même sens. Moins il comprendra, plus il sera pétrifié d'admiration. Toutes les jeunes filles vermeilles et ruisselantes de santé veulent épouser un monsieur qui, la nuit des noces, leur récitera peut-être le *Vallon* ou le *Vase brisé !* C'est, à leurs yeux, le nec plus ultra du bonheur rêvé.

D. — *N'y a-t-il pas de cas où l'attitude du candidat doit être d'accord avec celle du sujet ?*

R. — L'attitude du candidat doit être la même que celle du sujet, lorsque ce sujet est cachottier, sournois et d'apparence confite. Jamais ces natures-là ne pardonnent qu'on sente ou agisse autrement qu'elles, ni qu'on découvre leurs petites hypocrisies. Il faut donc fermer les yeux et ne rien voir ni entendre. C'est, du reste, pour le candidat, une campagne peu fatigante et presque toujours victorieuse, qui consiste uniquement à subir des défauts, — exaspérants il est vrai — sans avoir l'air de les soupçonner et en paraissant les partager avec enthousiasme.

D. — *Le candidat doit-il envoyer des fleurs ?*

R. — Chaque jour, il doit se faire précéder d'un bouquet et regarder d'un air anxieux, dès qu'il est mis en présence du sujet, si une fleur, détachée du bouquet en question, se prélasse dans les cheveux ou sur la poitrine aimée. Il se fiche comme d'une guigne qu'on ait sa fleur ou pas, mais plus il se fiche de ce détail, plus il doit avoir l'air d'y attacher une importance excessive. Le candidat remerciera donc d'une voix mouillée et dans des termes attendris le sujet porteur de la fleur, et profitera habilement — s'il en est capable — de l'attendrissement causé par son petit discours bien senti. Il entraînera tout à fait la jeune fille qui, au fond, ne demande que ça et lutte seulement parce qu'il lui est impossible de céder franchement à un mouvement naturel.

D. — *Comment le candidat doit-il faire la cour à un sujet moderne ?*

R. — Le candidat fera bien d'être très circonspect et de ne pas se lancer. Ici, comme pour l'entrevue, il doit se dire qu'il a affaire à forte partie, et que pour oui ou pour non il peut se rendre ridicule. Il évitera soigneusement les phrases banales, les lieux communs, les compliments et les protestations vagues et insignifiantes, vulgairement intitulées : « Déclarations d'amour. » Il tâchera de causer gentiment, d'être brillant — si faire se peut — et surtout de ne pas être ennuyeux. Aux yeux du sujet moderne, un homme ennuyeux n'est guère moins coupable qu'un criminel. Le candidat fera de son mieux miroiter un étalage de tous les bonheurs permis... auxquels la pensée vagabonde du sujet en associera tout de suite « d'autres ?... » Si la physionomie du sujet reflète ses impressions intimes, le candidat fera sagement de ne pas questionner ni approfondir. Il n'y gagnerait certainement rien et pourrait perdre le reste de ses illusions.

D. — *L'attitude du candidat doit-elle être la même lorsqu'il est seul avec le sujet, ou lorsqu'il est entouré de parents et d'amis ?*

R. — Avec le sujet moderne, l'attitude du candidat doit être identiquement la même, attendu que le sujet en question n'est pas du tout gêné par la présence des parents ou amis.

Avec les autres jeunes filles, l'attitude doit se modifier. Avec le sujet sensuel, par exemple, le candidat fera prudemment d'être infiniment plus réservé en tête-à-tête que devant les parents.

Il serait très embarrassé de se trouver — avant la noce — maître d'une situation de laquelle il lui semble qu'il sera toujours maître assez tôt en respectant les convenances. Avec le sujet sentimental, au contraire, un baiser vigoureusement appliqué, en l'absence des parents, sera un effet sûr et remplacera toutes les phrases les mieux tournées et les plus suavement poétiques.

D. — *Doit-on faire de longues visites au sujet, et rechercher les occasions de se rapprocher de lui ?*

R. — Avec le sujet moderne, oui! Il a son jugement fait, net et arrêté dès le premier jour dans sa petite cervelle, et rien ne modifiera ce jugement. On peut donc montrer sans crainte les défauts, les imperfections et les vices desquels on est pétri. Avec les autres sujets, quels que soient leurs tempéraments respectifs, il faut éviter les occasions de rapprochement et ne pas abuser des visites.

D. — *Pourquoi ne faut-il pas abuser des visites ?*

R. — Parce que, lorsqu'on a affaire à des caractères capables de modifier un premier jugement, il est infiniment plus prudent d'éviter les occasions de contrôle et d'épluchage. Si fat que l'on soit, on est bien convaincu qu'on ne peut que perdre « à l'usage ». Il est donc préférable, jusqu'à la noce, de fermer hermétiquement au sujet la voie des découvertes. Après, on le dédommagera au centuple de cette cachotterie, « rendue excusable par le vif désir qu'on éprouvait de le posséder !!! »

D. — *Le candidat doit-il se poser comme étant très amoureux ?*

R. — Avec le sujet moderne, jamais ! Ou ça ne prendrait pas et il en voudrait au candidat d'avoir cherché à le « fourrer dedans » en « la lui faisant à l'amour », ou il croirait à la sincérité de cet amour et s'empresserait de « remiser » le candidat. Le sujet moderne n'a que faire de l'amour en général et d'un mari amoureux en particulier. Ce serait une entrave, une gêne insupportable. Presque toujours un amoureux est jaloux, et la jalousie est le sentiment que le sujet moderne redoute le plus. Il veut un mari présentable au physique et au moral et extrêmement riche avant tout. S'il rencontre un candidat dans ces conditions-là, il le tient quitte de tout le reste. Néanmoins, le monsieur devra tâcher de faire croire aux parents — si les parents sont vieux jeu — qu'il est très épris.

D. — *De quoi doit, de préférence, parler le candidat dans ses entrevues avec le sujet?*

R. — Avec le sujet sensuel, il parlera art, littérature, voyages. Avec le sujet romanesque, chasse, gymnastique, courses ou jeu. Avec le sujet moderne, de la pluie et du beau temps, mais jamais, jamais, il ne laissera la conversation s'égarer sur le dangereux terrain dit « des projets d'avenir ». Jamais il ne dira : « Nous ferons ceci », ni « nous ferons cela », s'il ne veut attirer sur sa tête de terribles orages et s'entendre répéter jusqu'à la vieillesse la plus avancée : « Vous aviez promis que nous ferions telle chose ». Il suffit de deux ou trois imprudences de ce genre pour qu'une femme ait des reproches sur la planche jusqu'à la fin de ses jours.

AU CONCOURS HIPPIQUE

(*Vie Parisienne* du 4 avril 1885.)

La piste préparée au Palais de l'Industrie pour le Concours hippique.

Sur une estrade élevée de quelques marches, est une grande table recouverte d'un tapis vert.

A cette table est assis M. LE MARQUIS DE***, entouré des MEMBRES DU CONSEIL D'ADMINISTRATION et des MEMBRES DU JURY.

Dans la piste, au pied de l'estrade, quelques chaises sur lesquelles se placent à leur gré les arrivants. Ce sont :

MM. LE VICOMTE D'AURE, CINQ-MARS, APOLLON, BAUCHER, LES QUATRE FILS AYMON, MACKENSIE-GRIEVES, LA GUERINIÈRE, LOUIS JUTARD, DE LA BAUME PLUVINEL, LE

CENTAURE CHIRON, LE MARQUIS DE NEWCASTLE, LALANNE, LE GÉNÉRAL DAUMAS, XÉNOPHON, FRANCONI, LE ROI LOUIS Ier DE BAVIÈRE, LE COMTE DE LAGONDIE, QUINTE-CURCE, LE GÉNÉRAL DE BRACK, HIPPOLYTE, ALFRED DE DREUX, LE GRAND CONDÉ, HERCULE, etc., etc.

Mmes JUTARD, JEANNE D'ARC, ÉLISA, PHILIS DE LA TOUR DU PIN, ADAH MENKEN, LA PRINCESSE DE CONTI, CORA PEARL, DIANA VERNON, ANTIOPE, OCÉANA, etc., etc.

M. LE MARQUIS DE ***, *d'un ton rogue.*

Messieurs,

Le comité d'administration du concours hippique français...

QUINTE-CURCE. — Déjà des grands mots!... Oh! la la!...

M. LE MARQUIS DE ***, *continuant sans paraître s'apercevoir de l'interruption.* — ... N'a pas cru devoir refuser l'entrée de cette enceinte aux honorables cavaliers qui ont exprimé le désir de faire quelques observations concernant l'organisation actuelle de notre concours. (*D'un ton de plus en plus pointu.*) Bien que ces observations, s'adressant à des gens aussi compétents, soient sans doute absolument superflues, le comité consent à les entendre... Que ceux donc qui désirent la parole se fassent connaître et on jugera s'il y a lieu de la leur accord...

Le grand Condé. — Je la prends!

M. le marquis de ***. — Attendez!...

Le grand Condé. — Pourquoi?.,. je suis pressé!... d'ailleurs, je n'en ai pas pour longtemps!... J'ai à vous dire que votre concours est honteux!... Oui!... pas la peine d'ouvrir des yeux ronds!!! honteux!... je maintiens le mot... Comment?... ce concours qui devrait être luxueusement organisé, où ne devraient s'asseoir — sur la soie et le velours — que les plus jolies femmes triées sur le volet, est au contraire le rendez-vous du vulgaire, auquel on n'en donne même pas pour son argent...

(*Protestations.*)

Le grand Condé. — Non, il n'en a pas pour son argent, car il paie!... il paie pour voir sauter des officiers français!... encore un autre point sur lequel je reviendrai tout à l'heure...

(Jeanne d'Arc, le général de Brack, le colonel de Lagondie, le général Daumas et Cinq-Mars *applaudissent bruyamment.*)

Mlle Cora Pearl. — Il est de fait que payer pour ne voir que ça...

Le grand Condé, *reprenant*. — J'y reviendrai tout à l'heure... je procède par ordre, pour ne pas m'embrouiller... Donc, ce peuple qui paie aurait le droit d'être bien assis, commodément installé... Eh bien, non!... de mauvaises planches qui vous rabotent, je ne veux pas dire quoi, par respect pour Jeanne d'Arc, des clous qui déchirent les pantalons et les robes, des barres d'appui qui craquent... Enfin, sauf les membres du comité et du jury, leurs familles, leurs amis et leurs protégés, qui sont convenablement établis, tout le monde a le droit de se plaindre... et en use...

M. LE MARQUIS DE ***. — Tout le monde n'est pas quelqu'un...

LA PRINCESSE DE CONTI, *au centaure Chiron*. — Qu'est-ce qu'il a dit?...

LE CENTAURE CHIRON. — Je ne sais pas trop... il explique, je crois, le moi et le non moi...

ADAH MENKEN, *vivement*. — M. Caro est là!... Oh! montre-le-moi, veux-tu, dis?... J' t'aimerai tout plein!... (*Elle lui caresse la croupe.*)

LE CENTAURE CHIRON, *vexé*. — Mademoiselle, cette façon d'agir est inconvenante..

LE GRAND CONDÉ, *cherchant à reprendre*. — Je voudrais un concours véritablement élégant et confortable, qui affirmât le progrès de l'art équestre et fût en même temps le dernier cri du chic... je voudrais voir réunis, comme en 1662...

Xénophon. — Faites-le taire !... il va raconter le carrousel !...

Philis de la Tour du Pin. — Laissez-le parler, au contraire... au moins, de son temps, on faisait bien les choses, on ne spéculait pas sur des riens...

M. le marquis de ***. — Enfin, où voulez-vous en venir ?...

Apollon. — A vous soumettre, si vous le voulez bien, un projet d'installation élégante et confortable... D'abord, avant tout, on n'entrera que sur invitation, de jolies invitations illustrées par Crafty... cinq cents suffiront (la finance ne sera pas admise)... l'entrée sera remplie de fleurs des tropiques et éclairée à la lumière électrique, l'intérieur du palais revêtu d'étoffes précieuses et de plantes grimpantes, recouvrant les parois jusqu'au cintre : aristoloche, jasmin d'Espagne, clématite, liserons, chèvrefeuille, lierre, vigne vierge, cheveux de Vénus, capucines, roses remontantes, pois de senteur, volubilis. La piste, tracée par d'épaisses bordures de fleurs basses et touffues; giroflées, héliotropes, fraisiers, iris de Perse, jacinthes, muguet, myosotis, œillets, pensées, oreilles d'ours, primevères, roses, renoncules, verveines, réséda, tulipes... à l'extrémité de chaque obstacle, un massif très feuillu, dans lequel on dissimulera le juge qui, le plus souvent, n'est pas joli à voir. Le massif formé d'arbres fleuris, tels que pommiers, acacias, aubépines, cytises, marronniers... La douve devra être remplie d'arnica, afin d'atténuer le mauvais effet de la chute... les haies, d'épine rose en fleurs, auront l'avantage d'être agréables à l'œil et de forcer les chevaux à lever les pattes... Une seule tribune contenant cinq cents personnes environ, construite en bois de citronnier et drapée intérieurement d'étoffes japonaises à monstres et fleurs brodés en relief... chaque invité aura droit à un excellent fauteuil de peluche ou de canne, selon qu'il préférera être assis moelleusement ou fraîchement...

M. LE MARQUIS DE ***. — Avez-vous bientôt fini?...

APOLLON. — Monsieur le président, je commence!... Des tapis d'Orient couvriront le plancher de la tribune, sur laquelle le buffet ouvrira directement... il est nécessaire que ces dames puissent goûter sans se déranger... une tablette de bois de violette du Liban, fixée au bras de chaque fauteuil, permettra de faire gentiment la dînette, à l'aise, sans se presser...

UN MEMBRE DU COMITÉ D'ADMINISTRATION, *bas au marquis de* ***. — Il est insupportable!... il pousse à la dépense!... Otez-lui donc la parole!...

M. LE MARQUIS DE ***. — Je n'ose pas, j'ai

la réputation d'être autoritaire, ça ferait crier...

Apollon. — Je reprends... On laissera un large espace libre autour de chaque fauteuil... il faut que les invités aient leurs franches coudées...

La princesse de Conti. — Pourquoi ne donnerait-on pas un sopha... du moins aux dames?...

Océana. — Un hamac suffirait même à la rigueur...

M. Baucher. — Ah çà, et les chevaux?... personne ne s'occupe des chevaux?...

Apollon. — Attendez donc!...

Le grand Condé. — Et des officiers?... j'ai encore quelque chose à dire là-dessus... l'armée moderne se galvaude à ces exercices... elle s'expose à se faire siffler par de simples pékins... « C'est un droit qu'à la porte ils achètent en entrant! »

Le vicomte d'Aure. — Ce grand homme est rasant!...

XÉNOPHON. — Il est évident que, ici, l'armée sort de son rôle...

LE GÉNÉRAL DE BRACK. — Un peu !...

XÉNOPHON. — A quoi bon, à présent, ces acrobaties hors de saison ?...

JEANNE D'ARC. — Qui sait ?... l'avenir de la cavalerie est peut-être là ?... j'entrevois le sens caché de certaines phrases du beau rapport de 1876, phrases qui, jusqu'ici, m'avaient semblé obscures...

« Il fut un temps, — dit le brave général
» auquel nous devons ce chef-d'œuvre de
» style, — un temps où la cavalerie pouvait
» se livrer à des tournois de vaillance, où l'in-
» trépidité de ses chefs était presque exclu-
» sivement l'âme du succès (!!!), où l'éperon
» des cavaliers suffisait à lancer à courte
» distance les chevaux contre les rangs enne-
» mis et y semer l'épouvante. L'instruction
» des troupes pouvait alors se contenter
» de l'*inoculation du don de foudroyer* (?) en
» rappelant la tempête équestre de l'anti-

» quité. Mais, aujourd'hui, il faut ajouter à
» ces nobles traditions d'autres enseigne-
» ments et il est indispensable d'exercer la
» cavalerie pendant la paix, etc., etc., etc. »
Ne croyez-vous pas comme moi que, sous
une forme simple et claire, on invite la cavalerie à piocher son Concours hippique?...

Le grand Condé, *se tenant la tête dans les mains.* — J'ai pas compris un mot!!!

Le général Daumas. — Moi non plus!... permettez-moi seulement de saisir cette occasion pour rappeler ici que le cheval arabe est le meilleur de tous... vigoureux, énergique, doux, sobre comme le chameau son compatriote... Que tous ceux qui sont de mon avis lèvent la main!... (*Le roi Louis de Bavière et Adah Menken lèvent la main.*)

M. le marquis de***, *au roi Louis.* — Puis-je vous demander, sire, à quel titre vous êtes ici?...

Le roi Louis. — A aucun titre... je garde

une chaise... la personne viendra tout à l'heure...

Un membre grincheux du comité. — En ce cas, tenez-vous tranquille, que diable!... nous ne sommes pas ici pour nous amuser... (*Au marquis de****.) Il serait bon que chacun dise ce qu'il vient faire...

M. Alfred de Dreux. — Moi, je viens parce qu'il n'y a qu'ici que j'aie chance de voir un cheval sautant comme j'ai toujours fait sauter les miens...

Hercule, *sévère*. — Alors, monsieur, vous les faisiez donc sauter de chic, vos chevaux?...

M. Alfred de Dreux. — J'te crois!...

Le comte de Lagondie. — Ça saute sur les pieds de derrière, comme un caniche qui saute une canne!...

Lola Montès, *entrant violemment en fouettant l'air de la fameuse cravache*. — Avez-vous fini de mécaniser Alfred, vous autres?... Il a fait mon portrait en 18... Au fait, vous n'avez pas besoin de savoir la date...

DIANA VERNON, *mélancoliquement*. — Il a prêté mon type à toutes ses amazones...

ANTIOPE, *méprisante, toisant Diana Vernon*. — Une amazone?... cette carafe d'orgeat!... Allons donc!...

LE ROI LOUIS DE BAVIÈRE, *à Lola Montès*. — Voilà la chaise, ma bonne amie, voilà la chaise... (*Lola s'assoit.*) Puis-je m'en aller?...

LOLA. — Oh! oui!... on t'a assez vu!...

M. FRANCONI, *douloureusement*. — Il obéit!... quel avilissement!... aimer à ce point une danseuse!...

CINQ MARS. — Ça vaut encore mieux que d'aimer Wagner...

M. BAUCHER. — Et le cheval?... quand s'en occupera-t-on, du cheval?...

APOLLON. — Laissez-moi d'abord développer mon projet .. (*Au marquis de***.*) Vous me suivez toujours?...

M. LE MARQUIS DE***, *rageur*. — Toujours !... *(Il lance un regard furtif sur les membres du Conseil d'administration qui sommeillent doucement.)*

APOLLON. — Vous me croirez si vous voulez, mais je vous assure qu'il faut à tout prix faire du neuf...

UN MEMBRE DU COMITÉ, *s'éveillant en sursaut*. — Neuf !... en carte !...

HIPPOLYTE, *méprisant*. — Tous les vices !...

LE MEMBRE DU COMITÉ, *grommelant*. — Poseur, va !...

APOLLON. — J'attirerai l'attention des organisateurs sur cette nécessité d'installer des coins ombreux, de frais asiles, où l'on puisse s'égarer à loisir, sans être dérangé, loin des regards jaloux... Je ne sais pas si je me fais bien comprendre ?...

M. LE MARQUIS DE ***. — Très bien... trop bien même... il me semble que vous pourriez ne pas lever un pareil lièvre... devant Jeanne d'Arc surtout...

APOLLON. — Mais... *(A Jeanne d'Arc.)* Croyez

bien, mademoiselle, que je n'avais nullement l'intention de... enfin, je vous respecte profondément et je...

MADEMOISELLE CORA PEARL. — Ah çà, on ne respecte donc qu'elle ici ?...

JEANNE D'ARC, *modeste*. — Oh ! vous aussi, on vous respecte... à présent...

LE GRAND CONDÉ, *au marquis de ***, montrant Jeanne d'Arc*. — Vous voyez qu'elle est au courant de bien des choses... on peut parler devant elle...

APOLLON. — Je reprends donc, et j'insiste de nouveau sur l'utilité des installations que je réclamais tout à l'heure...

M. LE MARQUIS DE ***, *très digne*. — Votre insistance est déplacée... d'ailleurs ce que vous demandez est superflu...

APOLLON. — Ah! par exemple !...

M. LE MARQUIS DE ***. — Oui ! superflu... et immoral !... on ne vient pas au Concours hippique pour satisfaire des désirs coupables...

APOLLON, *ahuri*. — Coupables?... vous êtes sévère!...

M. LE MARQUIS DE ***. — C'est mon droit!...

APOLLON. — Vous avez de la veine, vous !... enfin, je maintiens mon dire; les installations existantes sont abominables...

M. LE MARQUIS DE ***. — Comment, les installations existantes?... on aurait osé...

APOLLON. — Dame!... (*Il indique du doigt la direction des endroits auxquels il fait allusion.*)

M. LE MARQUIS DE ***. — Ah!... c'est de ça que vous parlez?... Pardon... je ne saisissais pas... je croyais que vous désiriez des boudoirs... sortes de retiro...

LA PRINCESSE DE CONTI. — Tiens!... mais, au fait, il y aurait là une idée à creuser...

M. LOUIS JUTARD, *indigné*. — Fi, madame, fi!... et dire que ces femmes-là sont nos aïeules!...

LA PRINCESSE DE CONTI. — Malhonnête!...

(*A M. le marquis de***.*) Creusons-la, l'idée des boudoirs, voulez-vous?...

M. LE MARQUIS DE***, *exaspéré*. — Il est vraiment désastreux que de semblables vœux soient émis par les classes dirigeantes... qu'une grande dame ose ainsi, en public, méconnaître les principes les plus élémentaires de morale...

LOLA MONTÈS. — La morale!!! Oh la la! Sinistre farceur, va!...

M. LE MARQUIS DE***, *saisi, mais majestueux*. — Mademoiselle!...

LOLA MONTÈS. — Oh! mon petit, tu ne me fais pas peur, tu sais!... j'ai rossé un gendarme... et prussien encore!... j'ai lancé mon soulier su' l'museau des abonnés de l'Opéra!... j'ai dansé sans maillot!... j'te dirai ton fait si ça m'plaît!... et ça m'plaît!!! Tu n'veux pas de ce que d'mande l'honorable princesse, parce que ça coûterait quelque chose à installer, et que tu n'aimes pas la dépense, et voilà!... mais faut pas nous la faire à la morale ! Oh ! non !...

M. DE PLUVINEL. — Nous ne couperions pas dans le pont !...

MADEMOISELLE ÉLISA, *douloureusement*. — Ce gentilhomme aussi !... Ah ! décidément le beau langage disparaît ! !...

M. BAUCHER. — Voyons, accordez ce qu'on demande et occupons-nous un peu des chevaux ?...

UN MEMBRE DU COMITÉ, *exaspéré*. — Mais laissez-les donc tranquilles, les chevaux !... qu'est-ce que vous voulez qu'on leur fasse, à la fin ?...

M. BAUCHER, *ahuri*. — Comment, ce que je veux qu'on leur fasse ?... mais je veux qu'on améliore les races, qu'on fasse faire au dressage des progrès...

UN MEMBRE DU COMITÉ. — Naïf ! !

Tous les membres du comité et du jury se frappent le front en faisant signe à M. le marquis de *** que M. Baucher ne jouit plus de toutes ses facultés mentales.

HIPPOLYTE, *à M. Baucher.* — Mon pauvre vieux!... mais on ne voit que la recette, ici!... vous rasez le comité, avec votre dressage et vos améliorations...

APOLLON. — Je voudrais aussi que le défilé des voitures fût plus élégant... On a beau faire mousser les attelages dans les journaux, nous voyons toujours les mêmes...

CINQ-MARS. — Moi, je propose que les voitures soient chargées de jolies femmes...

ADAH MENKEN. — Pauv' chat!...

APOLLON. — On remplacera les flots de rubans fraise écrasée et gris lilas par des bijoux... de beaux bijoux... qui serviront à fixer aux oreilles des chevaux des panaches de fleurs...

JEANNE D'ARC. — Lesquels bijoux resteront, bien entendu, la propriété du cavalier...

APOLLON. — Ou du cocher?... pourquoi ne parle-t-on jamais des cochers, sacrebleu!..

M. LE MARQUIS DE ***, *frappant nerveusement sur la table avec son crayon*. — De grâce, modérez votre langage !... châtiez vos expressions...

LE CENTAURE CHIRON, *levant les bras et les yeux au ciel*. — Oh ! ce monde parlementaire !

LE MARQUIS DE NEWCASTLE. — J'émets, moi aussi, un vœu...

M. LE MARQUIS DE ***. — Voyons ça ?...

LE MARQUIS DE NEWCASTLE. — J'offre de renforcer la course de gentlemen. MM. de la Guérinière, de Pluvinel, Baucher, le vicomte d'Aure, Lalanne, Condé, Hippolyte, Franconi, Cinq-Mars, etc., etc., se feraient, j'en suis certain, un plaisir de monter...

M. LE MARQUIS DE ***. — J'accepte volontiers la proposition de l'honorable marquis de Newcastle, à condition toutefois que ces messieurs consentiront à revêtir des uniformes... l'uniforme, il n'y a que ça pour la recette !

Jeanne d'Arc. — Tiens, pourquoi ?...

M. le marquis de ***. — D'abord, le prestige !... vous savez, on dit : « Le prestige de l'uniforme ! » ensuite, la chute... le public adore la chute... or, l'officier tombe plus volontiers que l'habit rouge... il fait surtout plus fréquemment ce que nous appelons « la belle chute », enfin, il est précieux pour nous !...

Le grand Condé. — Pourquoi donc l'officier tomberait-il plus souvent que le pékin ?...

Le général de Brack. — Parce que le pékin qui se présente ici n'y vient qu'avec un cheval sautant ou à peu près.. l'officier, au contraire, se présente quand même ! C'est un prétexte à permission, une occasion de venir passer une semaine à Paris... Il commence donc par flanquer sur la paille une vingtaine de chevaux en les essayant...

Les quatre fils Aymon. — Une vingtaine

de chevaux !... coupable prodigalité !...

Le général de Brack. — Quelquefois, il en trouve un passable... alors, ça va bien! le plus souvent il n'en trouve pas de passable, alors ça va mal, mais ça va tout de même... pour les recettes...

Xénophon. — Ah! le fait est que c'est quelquefois un spectacle navrant !... des chevaux qui n'accusent pas l'obstacle, ou qui le prennent de biais dans le sens du juge, qu'on voit s'enfuir effaré... ou bien encore qui s'arrêtent court, en flairant obstinément la haie...

M. Alfred de Dreux. — Quand vous en verrez un qui, au lieu de sauter, boira dans la douve, vous m'appellerez ?... j'ai toujours adoré les chevaux placés dans des positions où on n'a pas l'habitude de les voir...

Apollon. — Pouvons-nous espérer que M. le président et les membres du comité feront justice à nos réclamations ?...

M. le Marquis de ***, *très digne*. — Le

comité va délibérer... j'aurai l'honneur de vous écrire pour vous annoncer sa décision...

Tous saluent et se retirent. Le comité et les membres du jury restent seuls sur la piste.

M. LE MARQUIS DE ***. — Jugez-vous utile, messieurs, de délibérer sur...

UN MEMBRE DU COMITÉ. — Ah! pas de bêtises!... entre nous, ça ne sert plus à rien...

M. LE MARQUIS DE ***. — Alors, passons aux choses sérieuses... J'ai mis la main sur un entrepreneur qui fait les arrangements à deux pour cent meilleur marché qu'à l'ordinaire. Les planches des tribunes seront, il est vrai, moins belles... on sera un peu moins bien assis, et un peu plus serré, mais...

LE COMITÉ, *en chœur*. — Bah!... qu'est-ce que ça fait, puisqu'on a les officiers!... le public viendra quand même!...

AU BUFFET

UNE GRANDE FÊTE COSTUMÉE CHEZ LES RECTA

Le buffet est installé dans la salle à manger transformée en verger. Buffet genre « jardin ». De grandes tables de bambou doré, drapées d'étoffes japonaises. Pas de nappes. Les nappes, c'est joli pendant une heure, tant que c'est d'une éblouissante fraîcheur ; mais dès que le frottement continuel les fripe, que les domestiques y ont appuyé leurs mains aux gants déjà salis, que les taches de vin, les miettes de gâteau, les écrasements de foie gras, de grains de raisins éventrés, les pelures de mandarines, les bribes de jambon échappées des sandwichs, les grappes plumées envolées des assiettes, les bonbons mous et les petits-fours coulants, les hérissent en tous sens, les nappes sont horribles à voir; tandis que, sur le bois ciré, tous ces petits accidents passent à peu près inaperçus.

Les tables de citronnier sont couvertes de verres mousseline, d'assiettes du Japon et de tasses de Sèvres. Couverts de vermeil. Petites serviettes de batiste d'ananas chiffrées d'or et garnies de dentelle d'or Tonneaux de cristal taillé à facettes diamant, desquels on tire le champagne frappé et les vins d'Italie et d'Espagne. Grands réchauds d'argent, où reposent les pâtés aux huîtres et les bouchées à la reine.

Fruits en arbres. D'immenses caisses de Delft, sortent des vignes chargées de grappes, qui montent et s'arrondissent en dôme au-dessus des tables. Des pêchers et des abricotiers inclinent leurs branches chargées de fruits. Tout autour de la pièce, court une bordure de pommiers nains. Derrière le buffet, un bataillon de domestiques superbes, bien tournés, correctement sanglés dans leur livrée sombre, vont et viennent silencieusement, agiles et furtifs comme des ombres. Ils disparaissent ou rentrent par une baie qui conduit à l'office et à l'escalier des cuisines. Cette baie n'est fermée que par une portière de peluche épaisse comme un coussin et plus assourdissante qu'aucune porte. Splendide, la tenue des gens! Jamais nulle part on n'a vu de domestiques aussi bien stylés que ceux des Recta!

DIX HEURES

M. de RECTA, qui est prêt, vient jeter un coup d'œil sur le buffet. Chacun se glisse furtivement à sa place. M. BAPTISTE, le premier maître d'hôtel, occupe la grande table du centre. Tout son monde est groupé autour de lui.

— Tout est arrivé, Baptiste ?... Vous avez ce qu'il vous faut ?...

M. BAPTISTE, *le menton haut, la tête droite, le regard d'aplomb mais respectueux.* — Oui, monsieur le marquis... (*Aux autres, tandis que le marquis disparaît.*) Pas besoin d'lui raconter qu' la moitié des provisions est en retard, à moins qu'y veuille aller les chercher !... idiot, va ! Faut toujours qui s'mêle de tout !... (*Apercevant M*^{me} *de Recta qui entre.*) Allons ! vlan ! l! à l'autre, à présent !..

MADAME DE RECTA. — Tiens !... pourquoi

a-t-on mélangé les fleurs?... J'avais dit de couvrir une table de violettes, une autre d'œillets, et ainsi de suite... C'eût été beaucoup mieux... c'est laid, cette salade de fleurs!...

M. Baptiste, *très respectueusement.* — Les fleuristes ont tout arrangé, je n'savais pas c'que madame la marquise avait ordonné... (*La marquise s'éloigne.*) Non!... é pouvait pas passer sans hargner!... c'était un' chose impossible!... Est-elle assez vilaine dans c'costume!...

— Oh!... pour ça!... é n'en craint pas!... Qu'est-c'que ça r'présente?...

— Un' déesse!... j'me rappelle plus du nom... C'pendant, d'puis huit jours y n'parlent qu' d'elle à table...

— De qui?...

— Ben, d'la déesse, là!...

— Faut-y en avoir un, d'toupet, hein, pour représenter un' déesse avec une gueule comme ça?..

— Gare ! v'là les mômes !...

Les enfants, auxquels on a permis de venir voir les fruits et les fleurs, arrivent conduits par le précepteur et la gouvernante. M. Baptiste s'avance la bouche en cœur.

— Monsieur Jacques veut-il des bonbons?... et Mlle Lucette... et M. René?...

Les enfants mangent, touchent légèrement aux fleurs, puis on veut les emmener mais la petite se cramponne.

— Miss !... j'veux rester !.. j'veux voir arriver les dames !.. Y en aura d'jolies, que j'suis sûre...

M. BAPTISTE, *d'un ton conciliant*. — Mademoiselle Lucette a qu'à regarder madame la marquise... é peut pas en voir une plus jolie, ainsi... (*Quand les enfants sont partis.*) — Sales moucherons !... déjà presqu'aussi bêtes qu'les parents !... Allons, faudrait pourtant voir à la glace !... v'là qu'on arrive, et un d'ces animaux-là aurait qu'à avoir l'idée d'boire !...

AU BUFFET

ONZE HEURES

UN MOUSQUETAIRE s'approche du buffet et louche timidement dessus, sans se décider à parler.

Chœur des domestiques. — Déjà !... Ah ! bien !... y n' perd pas d' temps, c'lui-là !...

M. Baptiste, *s'avançant*. — Monsieur désire ?...

Le mousquetaire mange un pain au foie gras et boit un verre de bordeaux. Dès qu'il a le dos tourné, le chœur reprend :

— Ah ! çà, y n'avait donc pas dîné !...

— Faut d' l'aplomb pour venir se bâfrer de la sorte !... et à c't'heure-ci encore !...

— Nous le reverrons, allez, c't'oiseau-là !...

— Que non !... son costume doit être à l'heure !... y va aller l'rendre...

— Dites donc ?... leur monde arrive pas vite, aux patrons !... et jusqu'à présent, l'a pas l'air chic chic, leur monde !...

Ça n'empêchera pas qu'les journaux qui rendront compte demain matin raconteront :

« Qu'à onze heures, une foule compacte et d'un' rare élégance s'pressait dans les salons du marquis et d'la marquise d'Recta. »

MINUIT ET DEMI

L'assaut du buffet commence.

M. DE RECTA *amène* Mme DE NYMBE *en* EURYDICE. — En maître de maison courtois, il s'empresse lui-même de la servir et bouscule tout un coin du buffet pour installer la soucoupe dans laquelle elle mange un aspic.

M. BAPTISTE s'empresse aussi. Il enlève les verres et resserre les fleurs pour faire de la place tout en marmottant :

— Allons bon !... le v'là qu'y chambarde tout, à c't'heure !...

M. DE RECTA, *voulant prendre au milieu du*

buffet une coupe d'ananas glacés et renversant avec son coude une cruche de sirop. — Permettez!... vous aimez ces petits bonbons... je connais vos goûts!...

Le sirop court sur la table en ruisseau poissant. Tous les domestiques, sur lesquels il arrive en serpentant, se reculent précipitamment.

M DE RECTA. — Baptiste!... voyez donc!... je crois que j'ai fait tomber quelque chose?...

M. BAPTISTE, *la face souriante.* — Ce n'est rien, monsieur le marquis... une goutte de sirop!...

M. DE RECTA offre son bras à Mᵐᵉ de Nymbe et ils s'éloignent.

M. BAPTISTE, *debout derrière le buffet, faisant éponger la table et le tapis.* — Y croit qu'il a renversé quelque chose!... y croit!!! et ça fait la cour aux femmes!... (*Indigné.*) Vieux patineur!

UN DES VALETS DE PIED, *épongeant tou-*

jours le sirop. — Ah! l'fait est qu'y s'en flanque un'bosse, d'la p'tite de Nymbe!... j'l'écoutais tout à l'heure. (*Imitant M. de Recta.*) « Êtes-vous assez adorable dans c'costume d'Eurydice... »

M. BAPTISTE, *fredonnant en sourdine.* — « J'ai perdu mon Eurydice!... »

LE VALET DE PIED. — Y l'a pas perdue, lui, au contraire!... Ah!... v'là l'autre qui m'fait l'effet d'avoir trouvé aussi que'qu'un!...

Il montre Mme de Recta qui s'approche au bras du PRINCE DE MADÈRE. Le prince n'est pas costumé; il est en habit, couvert de plaques.

M. BAPTISTE. — Le Prince!!! tiens, tiens! Est-ce que ça r'piquerait?...

LE VALET DE PIED. — Comment?... est-ce que?...

M. BAPTISTE. — Ah! çà! Vous sortez donc d'un'bouteille, vous?... y a un an qu'ça dure!...

LE VALET DE PIED, *avec admiration.* —

Le prince de Madère !... Dites donc, c'est hurph, ça !... ça vous pose tout d'suite un' maison !... j'crois qu'on cherche des verres d'muscat, m'sieu Baptiste... y en a plus...

M. BAPTISTE, *sans bouger.* — Ben, y prendront aut'chose !... y a du bourgogne à côté... Alors, comme ça, vous croyez que l'prince est quelqu'un à poser quelque chose ?... Ah ! l'est bien bonne, celle-là !... (*S'empressant vers le prince qui cherche à atteindre une branche de fruits et la lui offrant.*) Monseigneur désire-t-il des groseilles en branches ?...

Le prince prend la branche et la tient, tandis que Mme de Recta mange les groseilles. Ils s'éloignent.

M. BAPTISTE, *reprenant sa conversation.* — On t'en fichera des p'tites groseilles en branches ! Eh ! va donc !... Alphonse !!!

LE VALET DE PIED, *saisi.* — Oh ! vraiment !... l'a l'air si distingué !... l'est très beau avec sa ferblanterie !

M. BAPTISTE. — Oui, si on veut ! y n'aura pas eu d'quoi s'faire faire un costume !... la mère Frask aura r'fusé d'casquer... les v'là qui r'demandent du foie gras, là-bas !... fais-en ouvrir deux... Ah çà ! c'est donc l'rendez-vous des affamés, ici ?...

LE VALET DE PIED, *revenant*. — On rapporte l'foie !... Comme ça, c'est pas un douillard, l'prince ?...

M. BAPTISTE. — S'en faut ! mais c'est un truqueur ! Quand les femmes n'l'adorent pas suffisamment, y lessive un'plaque et y vivote quéqu' part... dans un' p'tite bagnolle sous les plombs, rue des Abbesses, ou par là... Alors (pour le hig-life), y voyage ! et pendant c'temps-là y crache ses impressions d'voyage dans un bouquin qu'on s'arrache « à son retour »!... J'entends raconter tout ça à table, moi !... Paraît qu'dans un voyage au Cambodge, il a peint les horreurs des privations qu'ça vous tirait des larmes... qu'on sentait qu'c'était vécu, qu'ont dit ces dames!... Je l'crois qu'c'était vécu!... l'voyage au Cambodge a été inspiré par la chambre voisine d'la mienne, — j'étais sans place, — 43 degrés au soleil sous l'toit... Y mangeait deux sous d'lait, des ronds d'saucisson, et y n'gobichonnait pour sûr pas tous les jours !... j'te crois qu'c'était vécu, les privations !... quant au Cambodge, c'est un'aut'paire de manches!...

Le valet de pied. — Et la patronne?...

M. Baptiste. — L' en est folle!...

Le valet de pied. — Qu'est-ce que le patron dit d'ça?...

M. Baptiste. — Rien !... l' prince est très bien pensant!... Ah! cette fois-ci, y a pas, faut que j' me mette à servir aussi!... v'là 1815!...

Le valet de pied, *regardant*. — Qui est-ce, 1815?...

M. Baptiste. — L'invasion, imbécile!...

DEUX HEURES

Ceux qui restent au cotillon viennent prendre des forces. Ceux qui partent mangent avant de s'en aller.

LE BEAU DES EFFLUVES, *en arlequin, à une des miss SALICOK en Esméralda.* — Qu'est-ce que vous voulez manger?...

MISS SALICOK. — Une caille en caisse...

LE BEAU DES EFFLUVES. — Alors, vous ne voulez pas me donner le cotillon?...

MISS SALICOK. — Puisque je vous dis que je l'ai promis...

LE BEAU DES EFFLUVES. — Au prince?... vous savez qu'il n'a pas le sac, le prince?...

MISS SALICOK. — Et vous, est-ce que vous l'avez?...

LE BEAU DES EFFLUVES. — Fichtre non!...

MISS SALICOK. — Eh bien, alors?...

M. BAPTISTE, *passant à des Effluves la caille*

en caisse. — Monsieur l'. vicomte ne veut pas autre chose?...

LE BEAU DES EFFLUVES. — Si... de la salade russe, du pâté de bécasse... et du corton... de celui du coin... là-bas...

M. BAPTISTE. — Oui, monsieur le vicomte... (*Il se dirige vers le coin au corton...*) Un vrai repas, quoi!... Pané, va!...

UN VALET DE CHAMBRE. — Vous cherchez quelque chose, M'sieu Baptiste?...

M. BAPTISTE. — Le corton?... où diable l'a-t-on fichu?... c'est c' pané des Effluves qui l' demande et y a plus d' verres servis...

LE VALET DE PIED, *fourrageant dans les bouteilles.* — Y en a pas là!... Tenez, collez-y du musigny, y n'y verra qu'du feu... (*Il lui passe une bouteille.*)

M. BAPTISTE, *indigné.* — Où as-tu pris ça?... Veux-tu bien r'cacher ça tout d' suite!... du musigny à 15 francs la bouteille!...

LE VALET DE PIED. — Ben qu'est-ce que

ça nous fiche, puisque c'est pas nous qui l'payons?...

M. BAPTISTE. — Non... mais c'est nous qui l'boirons... c'est pour nous que j'l'ai mis d'côté... (*Il prend une bouteille de vin ordinaire et en verse un verre qu'il passe respectueusement à des Effluves.*) Voici, monsieur le vicomte... (*Retournant au fond et le regardant boire.*) Volé! hein? mon pauv' vieux?... t'as pas eu ton corton... et j'crois qu't'auras pas non plus ton Américaine... (*Le valet de pied rit.*) Oui... é m'a l'air de s'défiler, la miss aux millions!...

LE VALET DE PIED. — L'a tort!... l'a du galbe, des Effluves!...

M. BAPTISTE. — Oui, mais elle guigne l' prince!...

LE VALET DE PIED. — Elle aussi?...

M. BAPTISTE. — Oui... é n' fait qu'l'aguicher tout l'temps... c'est bête, les femmes!... ça aime le panache...

Le valet de pied. — Et puis, il est beau, très beau, l'prince!..

M. Baptiste. — Possible!... mais y marque mal... seulement on l'appelle « monseigneur... » et voilà!...

Le prince de Madère s'approche du buffet. Il donne le bras à Madame de Frask en odalisque et semble très ennuyé.

— Qu'est-ce que vous voulez prendre?...

Madame de Frask. — Rien... je veux vous voir, monseigneur...

Le prince, *souriant*. — Pour ça, nous étions aussi bien au salon...

Madame de Frask. — Mais c'est vous, monseigneur, qui m'avez dit que vous veniez au buffet...

Le prince. — Dame!... je meurs de faim!...

Madame de Frask. — Alors, je vous ai accompagné...

Le prince, *souriant toujours, mais légèrement énervé*. — Je sais manger seul!...

8

(*A part.*) Cette vieille a l'air d'une excellente femme, mais elle est tenace...

MADAME DE FRASK. — Pardonnez-moi, monseigneur, mais je suis si heureuse de vous regarder... je n'en demande pas davantage!...

LE PRINCE, *à part*. — Heureusement! (*Haut.*) En vérité, madame, je suis confus...

M. BAPTISTE, *servant au prince ce qu'il a demandé*. — Voilà, monseigneur!...

LE VALET DE PIED, *regardant manger le prince avec admiration*. — Quelle belle fourchette!... c't'égal, on dira c'qu'on voudra, y n'est pas piqué des vers... l'à l'air d'un rude lapin!...

M. BAPTISTE, *se retournant*. — Oh! quant à c'qui est d'ça!... l'ennuie-t-elle assez, sa vieille?... Tenez! regardez-le?... Y bout!... positivement, y bout...

MADAME DE FRASK, *au prince*. — Il faut que je parte, monseigneur, mes pauvres

chevaux m'attendent depuis si longtemps...
Jamais ils n'ont autant attendu!...

Le valet de pied, *saisi*. — Oh! J' crois qu'elle a tutoyé l'prince!... elle a dit : « entends-tu? »

M. Baptiste, *impassible*. — Ben, crois-tu pas qu'elle l'appelle monseigneur?...

Le prince, *à Mme de Frask*. — Permettez-moi, madame, de vous reconduire jusqu'à la porte du salon?...

Le valet de pied, *les regardant s'éloigner*. — Comment!... elle l'envoie s'coucher?... et il y va!...

M. Baptiste. — Y n'ose pas trop rétiver... si elle coupait les vivres, y serait bien forcé de r'tourner au Cambodge... et dame!... C't'égal!... il aimerait mieux s'faire lever par la petite Salicok, que coucher par la mère Frask!...

Madame de Recta, *s'approchant de M. Baptiste*. — Baptiste, dès qu'on commencera à danser le cotillon, vous fermerez les portes et vous organiserez rapidement vos tables... C'est bien convenu, les petites tables toutes servies ?...

M. Baptiste. — Oui, madame la marquise... Consommé chaud et froid ; cailles en caisse ; salade vénitienne ; foie gras ; sorbets ; perdreau ; charlotte russe ; coupe de fruits assortis et coquille de bonbons... le tout servi sur les tables à étagère, à côté de chaque table de deux ou quatre couverts.

Madame de Recta. — Est-ce que tout tiendra sur l'étagère ?...

M. Baptiste. — Madame la marquise, on serrera un peu.. (*Quand M*^me *de Recta est partie.*) Est-elle laide, hein ?...

Le valet de pied. — L'fait est qu'ça doit pas être un régal d'la r'garder pioncer s' l'coup d'six heures du matin !...

TROIS HEURES

On a fermé les portes qui mènent au salon. Les domestiques, en préparant les tables, s'en donnent à cœur-joie. Ils boivent tant qu'ils ont soif et mangent à étouffer. Le Chef et ses marmitons sont montés. Les femmes de chambre envahissent la place, sous prétexte d'aider. Il règne le plus aimable abandon. Quand, par hasard, une porte s'entr'ouvre, toutes ces faces réjouies reprennent à l'instant l'expression glaciale qui leur est habituelle.

Le chef. — Eh bien, mes enfants, ce balluchon?...

M. Baptiste. — Pas un joli costume!... Ah! on voit bien que l' Panama les a touchés...

Un valet de pied. — N'l'écoutez pas, chef,

y a des belles femmes! et nippées!... c'est moi qui vous l'dis!...

Le chef. — Ah mais!... Est-ce que ça va durer longtemps, cette plaisanterie-là?... J'suis obligé d'rester pour l'consommé et les choses chaudes, et vous savez, moi, j'commence à en avoir plein l'dos!...

M. Baptiste. — Ben, et moi donc!... vous, encore, vous pouvez lire les journaux dans un bon fauteuil... moi, faut que j'trime tout l'temps!...

Le chef. — Oui, mais vous avez l'plaisir des yeux, vous?...

M. Baptiste. — Ah! il est chouette, l'plaisir des yeux, parlons-en!... Des vieux trumeaux déteints, à la r'cherche d'un restaurateur!... des jeux d'osselets, des débordements d'chair flasque, des dos qu'ont l'air d'vagues, et des poitrines qui rappellent un'bourse où qu'on aurait mis un vieux sou... Ah! il est propre, l'plaisir des yeux!...

Un valet de pied. — Dites donc, m'sieu Baptiste, Jean a sa cuite !... y casse tout c'qui touche... Faut-il l'envoyer coucher ?...

M. Baptiste. — Des emblèmes !... pas envie d'me mettre en quatre pour remplacer ceux qui manquent !... (*La porte s'entr'ouvre et M. de Recta passe sa tête pour voir si les tables se dressent.*) Méfiance ! v'là l'marron sculpté !... (*Silence profond. Après avoir regardé, M. de Recta disparaît.*)

M. Baptiste. — Eh ben, dites donc, Chef, quand vous aurez fini d'vous remplir le jabot ?...

Le chef, *absolument gris*. — J'bois au patron !... à sa santé !... aux amours de la patronne !

M. Baptiste. — Allons !... pas d' bêtises !.. emmenez-le !...

Le chef, *se débattant*. — Qu'elle fasse la noce !... elle a raison !... (*Il chante bruyamment.*)

Brigadier, répondit Pandore,
Brigadier, vous avez raison..,

(MADAME DE RECTA, *attirée par le bruit, passe à son tour la tête à la baie d'entrée. Le Chef l'aperçoit.*)

LE CHEF. — Veux-tu t' sauver, vieille gnolle!... Bifteck à Macquart!...

(*On se précipite sur lui et on l'emporte.*)

MADAME DE RECTA, *qui n'a pas entendu et voit le Chef qu'on emporte.* — Qu'est-ce qui est arrivé au Chef?...

M. BAPTISTE. — Une coupure, madame la marquise... en parant le jambon... et... le... la vue du sang...

MADAME DE RECTA. — Ce pauvre Chef!... (*Elle traverse la salle à manger et se dirige vers l'office.*)

M. BAPTISTE, *s'interposant résolument.* — Madame la marquise va pas voir ça?...

MADAME DE RECTA. — Mais certainement si!... je suis sûre qu'on le soigne très mal!.. (*Elle passe malgré les efforts de M. Baptiste.*)

M. BAPTISTE, *furieux*. — Manquait plus qu'ça!... V'là qu'y sont bons pour les domestiques, à c't'heure!...

MATÉRIEL ROULANT DES PLAGES

Le matériel roulant des plages est le même partout.

On peut, en arrivant sur n'importe quelle plage, fermer les yeux et dire sans presque se tromper quel est le monde qui la peuple. Il ne varie jamais et se compose de différentes catégories bien distinctes. D'abord :

I

LE MONDE D'ARGENT

Les plages sont envahies par ce qu'on appelait autrefois « la Finance », aujourd'hui désignée sous le nom plus élastique de « Monde d'argent ».

La finance, c'étaient les hauts barons du « vil métal » (style noble). Les agents de change, banquiers, trésoriers généraux, gouverneurs de la Banque, etc., etc.

Le monde d'argent comprend aussi tout cela, mais il y ajoute les coulissiers, quarts de coulissiers, vingtièmes de coulissiers; les associés d'agent de change, quarts d'associés, etc ; les commerçants vrais ou faux;

les étrangers possesseurs de mines inconnues, mais néanmoins productives, et, en général, tous les tripoteurs d'affaires, du plus haut grimpé au plus infime débutant.

Le signe distinctif du « Monde d'argent » (côté des hommes) est que « ces messieurs » se ressemblent tous... Jeunes, vieux, adolescents ou entre deux âges, tous sont violemment marqués d'une même tache originelle, « la vulgarité ». Quelque argent qu'ils parviennent à accumuler au fond de leurs coffres, ils ne savent pas l'employer à se décrasser.

Le tailleur est bon, la coupe irréprochable si le vêtement était sur un autre dos ; sur des gens d'argent, il est ridicule ! Ils sont gênés ou trop à l'aise, et beaucoup s'imaginent naïvement que ces complets, venus à grands frais de Londres, ont tout bêtement été achetés à la Belle Jardinière. C'est cossu, mais absolument inélégant. « Ces messieurs » affectionnent à la mer les chapeaux les plus étranges et les chaussures les plus fantaisistes. Les têtes se ressemblent aussi bien que les tournures et elles manquent de caractère. Parfois, cependant, le front est étroit et les oreilles longues. Ce n'est pas un caractère agréable, mais c'en est un.

L'homme d'argent raconte volontiers ses affaires de bourse (celles qui peuvent se raconter), et encore plus volontiers ses affaires de cœur, de cœur si l'on veut?

Un gros garçon, lourd et suffisant, qui se croit très généreux parce qu'il est très grossier, vous apprend, d'un air ravi, qu'il est parvenu à enlever une Nana quelconque à un concurrent malheureux. Et, comme on ouvre la bouche pour le complimenter de cette bonne fortune, due sans doute à ses avantages physiques, il ajoute triomphalement : « Ma foi, oui, il lui donnait dix mille francs par mois... j'en ai offert douze mille et elle l'a lâché! »

Ces messieurs aiment la mer du samedi au lundi et pendant la semaine des courses. Ils meublent la plage, mais ne l'ornent pas. Ils parlent haut, crient sans raison et rient sans motif, uniquement pour faire du bruit et bien constater que le terrain est à eux plus qu'aux baigneurs des autres mondes. Ils ne se contentent pas de tirer à eux la couverture, ils veulent faire crier ceux qui se trouvent dépossédés.

Le directeur véreux d'une Société anonyme quelconque sera fier de forcer, par son tapage et l'allure de sa conversation, le duc de X... à emmener sa sœur ou sa femme, assises à quelques pas plus loin. Il rayonnera, en pensant que, décidément, les vieilles couches sont obligées de *caner*.

Si le monde d'argent ne possède pas d'hommes présentables, il prend une éclatante revanche en montrant ses femmes aux baigneurs éblouis.

La femme d'argent, ou, pour parler plus

exactement, la femme de l'homme d'argent, est presque toujours ravissante.

Dans ce monde-là, une jolie femme fait partie du luxe de la maison, comme les chevaux, les domestiques et les bibelots. Ses robes venant de chez Laferrère, et ses chapeaux de chez Virot, on voit qu'il y a de l'argent pour payer les notes de Madame, et Monsieur a chance de glisser à de bons gogos des valeurs tombées ou des actions d'une société dissoute par voie judiciaire. A la mer, le luxe de « Ces dames » prend des proportions phénoménales. Elles peuvent lutter avec le vrai monde bien plus directement qu'à Paris, où les seuls points de contact sont l'Opéra, les Courses et le Cirque le samedi.

A la mer, guerre ouverte. La duchesse change quatre fois de toilette par jour; aussitôt la belle Mme A... en change six fois. La petite vicomtesse a un costume destiné à laisser admirer les plus jolis mollets du monde; immédiatement Mme Z..., qui possède la plus belle paire de jambes de la haute banque, fait couper son costume au-dessus du genou.

La baronne a pêché hier des crevettes avec « Crème de chic » qui portait le filet. Mme X... se promet d'emmener demain le même « Crème de chic » à la pêche aux crevettes, et de se faire tenir par lui une ombrelle sur la tête tout le temps qu'elle pêchera.

La comtesse était coiffée ce soir comme la Diane de Houdon! Demain matin, Mme N... se coiffera comme celle de Gabies, et tout le monde ne peut pas supporter ça!... c'est de l'antique pour de vrai!... Houdon, c'est trop moderne!... Sauf ces mesquineries, ces dames sont de très agréables femmes. Leurs toilettes sont bien choisies. Elles évitent le trop « riche », complètement abandonné aux étrangères, qui en profitent largement. Elles sont instruites, causent de tout, suivent le théâtre et lisent tout ce qui paraît. Par exemple, elles vivent uniquement pour la galerie. Elles n'oublient pas un instant qu'elles sont regardées, tiennent à conquérir leur public et y réussissent généralement.

Pour les quêtes, fêtes de charité, tombolas, messes chantées, etc., etc., elles prennent les devants et organisent tout à merveille. Le curé est ahuri. Ce monde, juif ou protestant, s'intéresse à la religion catholique plus que les catholiques eux-mêmes. Le brave homme ne voit que le résultat et non le moyen de se faufiler, malgré vent et marée, et il voue à toutes ces belles dames si charitables une reconnaissance éternelle.

Le « Jeune homme », à proprement parler, n'existe pas dans le monde d'argent. Tous sont mariés ou décrépits; quelques-uns sont les deux. Dès qu'il a vingt-cinq ou vingt-six ans, l'homme d'argent se marie. Il est pratique et, on a beau dire, une jolie femme à soi coûte moins cher que celles qu'il faut disputer aux autres.

Très rares aussi les bébés dans le monde d'argent.

Le bébé isolé et silencieux se rencontre encore dans quelques ménages retardataires; mais les bébés nombreux, tapageurs et grouillants sont absolument proscrits du cahier des charges.

Bébé d'Argent est dès l'âge le plus tendre sérieux comme un pape, roué comme une potence et bouclé comme une vieille malle.

Il tient à être bien mis, soigne ses effets, ne se déchire et ne se tache jamais. Il garde dans sa petite main fermée la monnaie qu'on donne à sa bonne pour le goûter, les chevaux de bois et les petites boutiques, et finit, à la fin de la semaine, par avoir une somme assez ronde qui va rejoindre la somme économisée de même la semaine précédente. Bébé d'Argent est habile et industrieux. Il a le truc pour changer sa pelle cassée et son seau défoncé contre la pelle neuve et le seau intact d'un confiant bébé du vrai monde égaré dans son groupe. Le pauvre bébé est enchanté ; la pelle et le seau sont deux fois grands comme les siens. Bébé d'Argent rit silencieusement, pensant à la tête que va faire bébé du Monde lorsque le manche de la pelle lui restera dans la main et que le sable filera par le fond du seau.

Bébé d'Argent chasse de race. Si papa le voyait, il serait fier de lui, car il fait tout ça instinctivement, on ne le lui a pas encore appris.

II

LES GENS DU CRU

Les hobereaux du département peuplent aussi la plage, mais seulement d'une façon intermittente. On vient en breack, en omnibus, en n'importe quoi. On s'empile à douze dans une voiture traînée par un seul cheval et on fait la route au pas pour ne pas le voir mourir en chemin. Les ressorts plient, on est cahoté, mais bast! on s'amusera tant! On part de chez soi à quatre heures du matin s'il le faut, mais on s'arrange pour arriver de façon à paraître « installé » aux véritables baigneurs. On déjeune à un hôtel chic, en grognant avec affectation. On se plaint de la nourriture et du service, tout en reprenant trois fois de chaque plat et en examinant soigneusement comment les garçons s'y prennent pour ne verser que rarement de la sauce sur les consommateurs. Joseph, le cocher, quand il sert les jours où il y a du monde, n'a pas cette désinvolture « de bon ton », ni cette adresse qui consiste à porter un plateau à bout de bras sur les cinq doigts ouverts. On essayera de lui apprendre ça, mais il y aura du tirage. Et comme ils sont bien chaussés, ces serviteurs admirablement stylés ! leurs souliers découverts sont bien plus réussis que ceux du fils de la maison, lorsqu'il va au bal : ils sont pointus, pointus ! Si l'on pouvait seulement en montrer un au cordonnier du bourg, peut-être arriverait-il à en faire de pareils ? Les coquilles de beurre sont examinées aussi par ces dames. C'est très gentil, très appétissant, mais comment diable est-ce fait? M{}^\text{lle} Iseult affirme que c'est avec une vrille, tandis que sa mère, le nez plongé dans le bateau où nagent les coquilles, déclare que, vu de près, cela fait l'effet de coups d'ongles réitérés. Le poisson servi sur une serviette pliée les abrutit complètement. Ça, c'est tout nouveau! L'an passé, l'Hôtel de la Plage posait son poisson au fond du plat, sur un lit de persil, comme tout le monde!

On ne sait vraiment qu'inventer pour tout compliquer. Et quelle quantité de plats! Pourvu que Joseph ne soit pas servi « dans ce goût-là », lorsqu'il mangera avec les domestiques de l'hôtel! Déjà, l'été dernier, au retour des bains de mer (les bains de mer, c'est l'unique journée passée à X...), il a boudé pendant deux jours aux pois mange-tout et à la bouillie de sarrasin qui, avec un rond de saucisson tous les dimanches, compose l'ordinaire des « gens du château ».

Après le déjeuner, on se promène sur la plage, et comme, naturellement, c'est l'heure où chacun est chez soi, on déclare que X... est désert et que le peu de baigneurs qui l'habitent est « à la pose ». La mer est pleine dans la journée. On se baigne à l'heure élégante, avec des costumes qui ne le sont guère. Et pourtant, Dieu sait si ces demoiselles comptent produire un effet! Depuis un an, elles ont rêvé et discuté des costumes absolument inédits, heureusement! Pantalons infiniment trop courts, étoffes à carreaux étranges, décolletage excessif. Elles espèrent bien ne pas être prises pour des provinciales.

Le costume du bel Agénor, également exécuté par ses sœurs, est beaucoup plus pudique. Avec ses manches longues et son pantalon à la cheville, il a l'air d'un premier communiant. Il s'en aperçoit dans sa cabine. Alors, il roule le pantalon et les manches au-dessus du coude et du genou, et, quand il entre dans l'eau, il est très présentable. Pendant le bain les petits arrangements se défont et, quand il sort, un moutard occupé à faire des pâtés sur le sable s'écrie :

— Oh ! le costume du monsieur qui a poussé dans l'eau !

Après le bain, ces dames se promènent, les cheveux flottants, croyant que c'est très « genreux ». Elles regardent attentivement les toilettes, critiquent, épluchent et déchirent surtout, mais sans méchanceté et parce que, de bonne foi, elles trouvent laid tout ce qui est joli. Agénor parcourt la plage, posant devant les cocottes, auxquelles il voudrait bien montrer ce qu'est un Normand pur sang. De fait, c'est un beau gas, bâti en Hercule, roux comme une carotte et blanc comme un poulet de grain.

Le soir, toute la famille se re-empile

dans le berlingot et rentre au milieu de la nuit, dormant en salade et affreusement courbaturée par le bain et les cahots. C'est égal, ils ont sur la planche un sujet de conversation qui, habilement exploité, doit les mener jusqu'à la prochaine saison.

Leurs voisins auront été aussi à X..., et y auront remarqué identiquement les mêmes choses qu'eux. On se racontera ses impressions.

X... est la halle aux idées des gens du pays. Il est à remarquer que jamais deux familles ne se réunissent pour entreprendre l'excursion. Cela les gênerait pour se raconter des « craques » et des aventures qui ne leur sont pas arrivées.

Le monde officiel fournit aussi son contingent. Les chefs-lieux et les sous-préfectures se dépouillent pour quelques jours ou quelques semaines de leurs plus beaux ornements.

Il y a la générale. Elle vient pour plusieurs raisons. D'abord, le général ne peut venir la voir que de temps en temps (il est excessivement tenu par un divisionnaire terrible), et c'est un repos relatif pour sa femme, qui, au besoin, écrit au terrible divisionnaire avec lequel elle est au mieux, pour lui demander de serrer la main encore davantage et d'accabler les brigades de travail. Ensuite, la Générale aime la mer. Elle adore voir une tempête, assister au choc des éléments. Puis, elle retrouve à X... un tas de petits officiers charmants, pour lesquels elle a eu des bontés, en a, ou est toute disposée à en avoir. L'air salin double cette disposition et, si la générale a quarante ans, la triple.

Les petits sous-lieutenants sont les préférés. Plus la femme compte de printemps, moins elle aime le galon. Un capitaine lui semble presque faisandé. Il est vrai que peu de capitaines sont doués de ces robustes appétits qui ne reculent pas devant les pièces un peu rassies.

La générale est très allante. Elle organise des promenades en voiture, des goûters sur l'herbe, des parties de canot. On va boire du lait dans les fermes, on tire des feux d'artifice sur la plage. Comme elle seule a cet entrain endiablé, elle est très entourée et parvient même à recruter des fidèles dans le civil.

Les officiers viennent à X... parce que c'est une plage assez chic et surtout parce que c'est une occasion de lâcher le service et de se mettre en bourgeois. Du reste, assez peu libres de faire des farces, leur tenue étant soumise à un sévère examen par les baigneurs du cru. Comme se montrer à X... avec une cocotte leur ferait immédiatement fermer toutes les portes de « la société », ils préfèrent, étant trois jours dans un endroit et dix mois dans l'autre, se tenir tous comme des petits saints.

Le Préfet et la Préfète honorent aussi la plage de leur présence. Tout le monde leur tourne le dos avec d'autant plus d'empressement que le préfet est un enfant du pays. Elle, un amour. Lui, un assez vilain monsieur comblé par l'Empire, orléaniste par tempérament et républicain par occasion.

Ils vivent forcément seuls, préférant cela à voir les gens qu'ils pourraient voir, et meublent la plage. Madame change de toilette quatre fois par jour. Les enfants sont adorablement pomponnés. Le préfet et la préfète ont loué un des plus jolis chalets. Voudraient bien montrer qu'ils ne sont pas des « nouvelles couches », mais personne ne consentira à s'en assurer. Finissent, de guerre lasse, par se lier avec des princesses étrangères, des veuves de colonels et des chevaliers d'industrie.

Le trésorier général et sa femme, des gens « très bien » et qui n'ont pas besoin de ça, comme on dit dans le pays. « Ça », c'est la trésorerie.

Reçoivent beaucoup. Dîners, bals, comédies. Ont un ravissant bateau ponté, à bord duquel on fait des parties très gaies. Maîtres de maison charmants. Très grande ressource pour les baigneurs. Sévérité intelligente et très modérée pour le choix des relations « de plage ». Se disent, avec raison, qu'un salon n'est pas souillé parce qu'une personnalité douteuse l'a traversé. Savent toujours s'y prendre de façon à ne faire crier personne. Sont parvenus, sans rien demander, à obtenir que, chez eux, on soit poli pour le préfet.

Vont à X... depuis quinze ans. Sans eux, la plage cesserait d'exister.

III

LA LÉGION ÉTRANGÈRE

La Légion étrangère ne se distingue pas précisément par la simplicité. Les femmes ne font que six toilettes par jour (sans compter le costume de bain), parce que, si elles en faisaient davantage, elles n'auraient plus le temps de les montrer. Mais la qualité supplée à la quantité. Étoffes transparentes, brocarts tissés d'argent, moire brochée, damas de Calcutta, satin japonais brodé de fleurs et d'oiseaux fantastiques, et même modeste drap de soie à vingt-cinq francs le mètre, pour petits costumes du matin. Quelques-unes se permettent la toile peinte, mais elles font cerner le dessin en fil d'or, ornent la toilette de dentelles d'or et accrochent à leurs oreilles (grandes et mal ourlées généralement) des dormeuses de quatre-vingt mille francs. Que diable ! on a de l'argent ou on n'en a pas ! Et, si on en a, il faut bien le montrer. Ça enlaidit, c'est vrai, mais ça fait enrager les voisines et même les voisins par ricochet. Les chapeaux sont empanachés de plumes rares. Le poignard ou le clou qui retient le chapeau dans les cheveux est incrusté de pierres précieuses. C'est éblouissant ! Malheureusement, le plus souvent, le fil d'or des broderies est du cuivre qui noircit à la brise de mer, et les pierreries sont en toc. Tout le monde le sait, ces dames se rendent parfaitement compte que tout le monde le sait, mais elles ne sourcillent pas et sauvent la situation par un aplomb énorme. La mise des hommes n'est guère moins tapageuse, en revanche, elle est de plus mauvais goût. Vêtements de couleurs brillantes, non pas l'étoffe de nuance indécise, qui fait accepter sa trop grande *tendresse* de ton, parce qu'elle est dans une gamme sobre et assourdie. Non, pas du tout ! Ces messieurs sont en complet pain-brûlé, bleu-ardoise, bleu-paon.

Toujours des couleurs franches, éclatantes et tranchant entre elles d'une façon criarde et pénible à voir. Encore plus de bijoux que ces dames. Chaîne de montre, breloques Directoire, jeux de boutons de chemise. Adorent les gilets de soie, les bottines voyantes et les gants clairs. Portent volontiers un chapeau noir, s'ils ont le teint blanc, et gris, s'ils sont bruns et colorés. Ont, en tout, autant d'à-propos qu'en ce cas. Traînent toujours avec eux une canne de prix si le ciel est pur, et un beau parapluie s'il est menaçant.

La Légion étrangère pose à toute heure

et malgré tout. Elle traite les Français avec condescendance, (à cause de la forme qu'affecte en France le gouvernement régulier.)

Les femmes de la légion exècrent les Françaises et témoignent carrément cette antipathie. Selon elles, la Française est ignorante, légère, vaniteuse, ambitieuse et incapable de stabilité. Leur appréciation est peut-être juste, mais elles oublient qu'elles aussi possèdent tous ces défauts-là et ont en moins le charme qui aide à les faire tolérer, quelquefois même aimer.

Hommes et femmes posent au même degré. Ces dames affectent une allure tranquille et sévère et s'en dédommagent amplement dans l'intimité. L'ombre et le silence en voient de grises, mais ces évaporées Parisiennes reçoivent une rude leçon. Les hommes éblouissent la plage de leur luxe tapageur et ahurissent les garçons d'hôtel par leur générosité. « C'est pas un Français qui donnerait ça ! » Avec les Français, l' « os » est plus rare ; aussi le personnel des hôtels est-il uniquement occupé à satisfaire les étrangers, infiniment plus durs et difficiles à contenter que les autres voyageurs.

La Légion étrangère amène parfois ses domestiques : nègres, moujiks, écossais... tous en costume national (sauf les nègres). Ceux-là bouleversent les hôtels et inspirent une sainte terreur aux patrons et aux gens, qui s'aplatissent respectueusement devant eux et obéissent à leurs moindres caprices. Les domestiques étrangers se font servir encore plus sévèrement que leurs maîtres.

En tête de la Légion étrangère est toujours l'éternelle comtesse russe.

LA COMTESSE RUSSE

La princesse a fait son temps et est absolument démodée. La comtesse est moins imposante mais plus moderne. Rarement jeune, mais tout le monde croit qu'elle l'est, ce qui revient exactement au même pour elle et pour les autres. Elle est grande, bien tournée, de formes sculpturales, (plus apparentes que réelles) Très élégante et surtout merveilleusement habillée de coûteux chiffons, auxquels elle imprime son cachet personnel et parvient à donner un air bon enfant et sans apprêt. Le comble du chic est de sembler en toilette du matin quand on a une robe de trois mille francs.

La comtesse occupe un appartement composé de cinq ou six pièces. Les enfants et le précepteur sont dans une autre aile de l'hôtel. Quand il y a une annexe, elle préfère les y loger, car elle a moins de chance encore de les rencontrer. La plus grande partie de son temps se passe sur un divan, où elle s'allonge en fumant des cigarettes. Son salon est le rendez-vous de tous les hommes présentables de la plage. On y boit d'excellent punch à toute heure du jour (ou de la nuit, au choix), et on y cause librement. Pas l'ombre de bégueulerie. Des domestiques superbes, aveugles et sourds, qui ressemblent à des cariatides et qu'elle considère avec bienveillance lorsqu'elle ne les brutalise pas. Le comte n'est jamais là. Son service le retient près du czar (?).

Signe particulier :

Les maris de toutes les « comtesses Russes de plage » sont attachés à la personne ou à la maison du czar... Chacun fait comme il peut!

LE MARQUIS ESPAGNOL

S'appelle Inès de Valladolid y Albacete y Mançanarès y Santander, etc. A encore beaucoup d'autres noms aussi sonores, mais ne s'en sert pas dans l'habitude de la vie, pour ne pas compliquer les choses. Colossalement riche. Adore les bijoux. Possède des œils-de-chat incomparables et un cyclope formé d'un rubis balais unique au monde. A de beaux chevaux mal attelés et des voitures criardes et de mauvais goût. Petit, le teint mat, des cheveux noirs et des yeux de velours. Vulgaire et mal élevé, joue volontiers au grand seigneur, parle de la cour et de la « charge » qu'il y occupe. Est fort embarrassé lorsqu'on le questionne sur ladite charge. Couvert de décorations. Toujours dédaigneux, tient à prouver que la morgue espagnole existe ailleurs que dans *les Brigands*. Plus bravache que vraiment brave, crie beaucoup et agit fort peu. Nature à la fois vive et paresseuse. Se traîne nonchalamment sur la plage en faisant de l'œil de plusieurs côtés à la fois. Est le point de mire des cocottes, des mères désireuses de placer leurs filles et même de quelques gommeuses avides de changement. Trouve que les hôtels sont mal tenus, les Français sales et ivrognes. Très sévère pour l'ivrognerie, ce vice étant le seul qu'il n'ait pas. Reconnaît cependant la supériorité de « la Française ». Affirme qn'il n'épousera qu'une Parisienne. S'arrange ainsi une agréable existence sans rien risquer, car il est tout ce qu'il y a de plus marié à une fort jolie femme qui l'attend au bord du Tage sans aucune impatience. Reste peu de temps au même endroit. Extrêmement sobre, et généreux même quand on ne le voit pas.

LA HONGROISE

Vive, délurée, intelligente, dans le sens pratique du mot surtout. Parlant toutes les langues, l'argot compris, et jabotant gentiment dans chacune d'elles.

La Hongroise est, dans son pays, l'équivalent de la Parisienne dans le nôtre. Elle est attrayante, rapace et perverse. Gare aux malheureux poissons qui tombent dans ses filets! Tenue évaporée, coquetterie révoltante, aventures multiples. Tout cela sous le couvert d'une mère, authentique la plupart du temps, malgré sa singulière attitude. Vient à la mer pour y trouver un idéal qu'elle cherche consciencieusement. Jolie, surtout le soir au Casino. Peau très électrique. Une valse avec elle et on est affolé. Délicieusement pomponnée en ce qui se voit au premier coup d'œil, mais dessous peu soignés et propreté douteuse. Joueuse comme les cartes. Dépensière ou avare par boutades. Révolte et attire à la fois. Orne beaucoup. Aime à bouleverser, par sa tapageuse présence, les petites plages tranquilles, mais n'y séjourne que peu de temps et revient aux grandes plages mondaines, où elle se trouve dans son vrai cadre.

LE GREC

Joli garçon. Profil pur, œil caressant, voilé de cils invraisemblables. Démarche molle et lassée. Vêtements assez corrects. Néanmoins, « marque mal ». S'appelle Aristide d'Argos ou quelque chose d'approchant. N'a pas d'amis. Tous ceux auxquels on parle de lui répondent : « Moi, je ne sais pas du tout d'où il sort... Je lui dis bonjour comme ça... je lui donne même la main quand il me la tend... à la mer... mais jamais je ne ferais ça à Paris. » Le Grec parle à chaque instant de ses propriétés immenses... situées en Grèce, bien entendu, ce qui fait qu'on n'a pas confiance. Les gens pratiques croient peu à la poésie. Un monsieur qui a des biens en Arcadie et des revenus produits par des olives, des raisins de Corinthe, des troupeaux de chèvres blanches et des carrières de marbre rose, est poétique, quoi qu'on fasse pour se figurer le contraire. Et puis, le Grec a beau être parfaitement honorable, ne jamais toucher une carte, ne pas parler, inviter les gens à dîner et, non seulement ne jamais leur emprunter d'argent, mais encore leur en offrir quand ils en ont besoin, il ne parvient pas à inspirer la confiance. C'est injuste, mais c'est comme ça !

IV

GOMME, CRÈME ET GRATIN

L'ancienne gomme est, sans contredit, ce qu'il y a de plus meublant. Elle seule sait remuer, donner du mouvement, organiser des parties. La jeune génération, qui compose principalement la Crème et le Gratin, semble redouter le plaisir et surtout ignorer le moyen de s'amuser. L'ancien Gommeux de la fin de l'Empire peut, lorsqu'il est bien conservé, être très présentable encore et, le tailleur aidant, faire plus de conquêtes que les jeunes phalanges. Il daigne encore avoir de l'esprit et quelquefois même pousse la complaisance jusqu'à paraître en trouver aux autres.

Il ne porte pas ses cheveux coupés en brosse où à la malcontent. Il a conservé la raie traditionnelle et la voit s'élargir avec désespoir. Son plus grand travers est même de pratiquer l'affreux ramenage, au lieu de montrer franchement et hardiment une belle bille luisante, qui a bien son charme et donne souvent à la physionomie la plus commune une apparence de distinction, ou à un imbécile l'air d'un profond penseur. Le col du gommeux est cassé. Les épaules sont à l'aise dans des vêtements coupés à leur taille. La cravate à plastron est de nuance un peu trop tendre parfois. Le pantalon beaucoup plus large du bas que celui adopté par les Crémeux. Les bottines moins pointues que celles d'aujourd'hui. Souvent des guêtres blanches de forme irréprochable. Toujours une ombrelle grise doublée de vert. Un petit chapeau mou agrémenté d'un ornement fantaisiste. Des gants. Beaucoup de laisser-aller et de bonhomie dans le langage et les allures.

La Gommeuse appareille merveilleusement le Gommeux. Elle est encore très jolie et *enfonce* presque toujours la jeune génération, que ce persistant succès fait rager à blanc. Elle sait s'habiller à ravir, prendre aux modes d'aujourd'hui tout ce qu'elles ont de joli et garder de celles d'autrefois tout ce qu'elles avaient de seyant. Elle se peint, mais adroitement, histoire de donner un peu plus de séduction à l'œil et de velouté au teint. Rien du hideux maquillage.

Une grande gaieté. Un entrain qui sait profiter de toutes les occasions, se disant qu'il faut se hâter de jouir des derniers jours de beau temps. Une certaine bonté. Elle sait pardonner parce qu'elle a beaucoup aimé. Elle voit que les Gratineuses et les Crémeuses la détestent et ne leur en veut pas. Elle a conscience de sa très grande supériorité physique. Quant au côté « esprit », elle l'abandonne complètement à la concurrence. Son expérience lui a clairement démontré que, dans sa partie, l'esprit ne sert à rien. Elle juge très sûrement et avec une grande impartialité les jeunes *produits* qui font leur apparition sur la plage. Elle sait qu'il vaut mieux signaler le danger que le laisser signaler aux autres.

La Gommeuse nage mal et monte à cheval médiocrement, mais est infiniment agréable à regarder lorsqu'elle se livre à ces deux exercices. Elle a « la grâce ». En revanche, elle patine à merveille, joue la comédie comme les Brohan et ne touche jamais une raquette de tennis

Gommeux et Gommeuses vivent surtout entre eux, organisant force parties et s'amusant haut et ferme, en ayant grand soin de ne pas élargir leur cercle.

Ils attirent sur la plage :

Les jeunes qui, sans l'avouer, sont très désireux d'étudier de près cette célèbre Gomme qui a tant fait parler d'elle ;

Les amoureux timides des belles Cocodettes qui, à la mer, espèrent ramasser quelques miettes de leur temps perdu ; à Paris, il n'y faut pas songer, il y a plus de ramasseurs que de miettes ;

La Vieille garde, où ces messieurs ont conservé des attaches sérieuses et de franches camaraderies ;

Quelques belles petites, jalouses de souffler aux anciennes un beau monsieur qui a trente-cinq ans d'exercice, qui n'est pas à la Bourse, et qui quelquefois même a été diplomate ! Faire ça, et puis mourir ! On a un nom !!!

Le Crémeux est, en apparence, beaucoup mieux élevé que la génération précédente, au fond, infiniment moins bien. Il affecte un grand respect pour le sexe auquel il doit sa mère, baise la main aux douairières et affirme préférer la société de ces dames au cigare le plus exquis. Mais dès qu'elles ont le dos tourné, il parle d'elles en termes grossiers, se vante carrément de succès incertains et parie, si on le pousse un peu, que ce soir on pourra venir le surprendre avec la petite duchesse dans la cabine n° 3.

Le Crémeux, gras ou maigre, est prodigieusement serré de la poitrine et du dos. Moins on a de carrure, plus on est fier. Ce rétrécissement forcé fait saillir beaucoup trop le reste. Ces messieurs semblent avoir des hanches d'Alsacienne et des ventres de Polichinelle.

Les coupes les plus anglaises et les nuances les plus invraisemblables sont adoptées pour les vêtements de plage. Les favoris en patte de lièvre, les allées de parc tracées dans la barbe, les moustaches très ébouriffées et les cheveux ras, ou du moins sans aucune raie. Beaucoup sont chauves et ne s'en cachent pas, c'est la seule preuve d'esprit qu'ils donnent.

Le Crémeux cultive infiniment plus le sport que le Gommeux du bon vieux temps, qui se contentait de monter très bien à cheval, de nager proprement, de faire de temps à autre une partie de paume et de valser à ravir.

Aujourd'hui, le Crémeux nage rarement bien, mais il est de première force au tennis, au criket, au polo, etc... Il canote, fait des tours de force mieux que les saltimbanques, des barres fixes, du trapèze volant, et passe sa vie à parier, à organiser des matchs, etc...

Déteste le théâtre, méprise le ballet et est à peu près incapable de causer de quoi que ce soit. Mais quel biceps possède même le plus frêle! on peut tâter!

Les Gratineux se montrent peu sur la plage dans la journée et affectent de ne pas dire où ils étaient pendant ce temps.

Il faut bien faire supposer un tas de choses. En réalité, ils demandaient à un sommeil réparateur de leur rendre les forces absorbées par les exercices violents.

La Gratineuse aime la mer. Là, elle peut vraiment se livrer à ses passe-temps favoris. Elle nage comme un requin, monte à cheval aussi bien que ces messieurs et joue au tennis bien mieux qu'eux. Beaucoup moins femme que la Gommeuse d'antan, elle est aussi instruite que l'autre est ignorante. Il y a peu de Crémeuses qui n'aient passé de brillants examens et ne soient capables de devenir institutrices si le cœur leur en dit.

L'intelligence et l'esprit sont très developpés au détriment du charme. Le côté chiffon tient une place relativement moindre dans l'existence de la Gratineuse moderne. Non qu'elle soit mal habillée, il s'en faut. Mais elle donne simplement au couturier qui a compris sa frimousse et sa taille, des indications rapides ou un dessin précis, au lieu de consacrer, comme la cocodette, cinq ou six heures par jour à des essais et à des combinaisons nouvelles.

La Crémeuse vit beaucoup plus au dehors que la Gommeuse. Elle se maquille peu et ne redoute nullement le hâle de la mer pour son teint. Elle pêche des crevettes, va en canot sans ombrelle et néglige même de mettre de la poudre de riz.

Si par hasard elle veut « s'arranger un peu », le maquillage est criard et maladroit. La ligne qui souligne l'œil est trop dure, la bouche trop rouge, le teint trop blanc.

En somme, femme incomplète, maîtresse insupportable, charmant petit compagnon.

La Crème et le Gratin attirent à leur suite :

La foule compacte d'adorateurs, ou plutôt de « suivants » de ces dames. Elles acceptent tout, pourvu que ce soit à peu près présentable, et tiennent à la quantité beaucoup plus qu'à la qualité. Au contraire de la Cocodette, elles cherchent à élargir leur cercle autant que faire se peut, et emploient dans ce but tous les moyens honnêtes. Promettent tout ce qu'on veut et, les trois quarts du temps, n'accordent rien.

Une nuée de Vieilles-gardes éprises du chic tout nouveau, des estomacs de poulet et des pantalons à la Jean-Jean de ces messieurs. Savent qu'elles feront probablement leurs frais, la Crémeuse étant beaucoup plus vertueuse qu'on ne le croit généralement et la belle petite étant compromettante, parce qu'elle aime à montrer ses conquêtes pour se poser.

Quelques belles-petites sans importance, appartenant aux Crémeux qui ne savent pas encore modérer leurs passions, ou qui veulent allumer une Gratineuse rebelle et vaincre sa résistance par la jalousie.

SYMPHONIE BURLESQUE

Chez la vieille duchesse, présidente de l'œuvre du *Repentir momentané*. MADAME DE GALBE, SANGÈNE, Mme D'INOUY, LE VIEUX DUC DE GRENELLE, LADY SALYCOK, LE PETIT D'É-BROUILLAR, Mme DE NANTERRE, M. D'OKAZ, LA TOUJOURS BELLE Mme DE VYELGARDE, LA PETITE DE REBONDY, M. D'ORONGE, Mme DE GUADALQUIVIR, JOYEUSE, LA COMTESSE ICHLIEB, M. D'ULSTER, LORD KISMY, etc., etc.

LA DUCHESSE. — Voyons, mes enfants, il faudrait pourtant nous entendre?... moi, je vous assure que la symphonie doit, pour bien faire, commencer à dix heures au plus tard...

Le duc de Grenelle. — Alors, il faut me remplacer...

Mme de Nanterre. — Moi aussi !...

Mme d'Inouy. — Moi aussi !...

La Duchesse. — Pourquoi ça ?...

Mme d'Inouy. — J'ai du monde à dîner... Je ne peux pas mettre à dix heures mes invités à la porte... quand on a dîné à huit heures... on sort de table à neuf heures et demie... et dame, la mode de rendre aux convives leur liberté, c'est-à-dire de se débarrasser d'eux, a beau prendre... une demi-heure de digestion... c'est un peu court...

Mme de Nanterre. — La fête est un mardi... c'est le jour de ma belle-mère, il faut absolument que j'aille l'aider à recevoir... elle ne tolère pas la plus légère infraction à la règle...

La Duchesse. — Je comprends ça... à la rigueur ! (*Au duc de Grenelle.*) Mais vous... qu'est-ce que vous aurez à faire, vous ?...

Le duc de Grenelle. — Moi, à cette heure-là, je suis à l'Opéra... c'est le moment du ballet...

La Duchesse. — Eh bien, vous le manquerez, votre ballet !... vous n'en mourrez pas, allez, au contraire !... ça vous fera du bien...

Le duc de Grenelle. — Impossible... parce que...

La Duchesse. — Parce que ?...

Le duc de Grenelle, *un peu hésitant*. — Je ne puis quitter... je...

Sangène, *achevant la phrase*. — Je danse, madame...

La Duchesse, *qui ne comprend pas*. — Vous dites ?...

Mme de Galbe, *qui comprend*. — Comment... encore ?... (*Elle regarde le duc avec stupéfaction.*) C'est renversant !...

La Duchesse. — Nous fixerons l'heure de la symphonie un autre jour... continuons la distribution des instruments, car nous n'en sortirons jamais si ça va longtemps de ce train-là...

Le duc de Grenelle. — Moi, si je figure, je demande le tambour...

Lady Salycok. — Je l'ai déjà demandé !...

Sangène. — Moi, je l'ai retenu depuis quinze jours !...

Lady Salycok. — Avant qu'il fût question de symphonie, alors ?...

Sangène, *distrait, regardant la petite de Rebondy qui grignote des bonbons.* — Précisément...

Mme de Vyelgarde. — Il est impertinent, ce Sangène !...

Sangène, *toujours distrait.* — Oh ! Madame !... pas avec vous, bien sûr... (*A la petite Rebondy.*) Donnez-m'en un, dites ?...

Mme de Rebondy, *étonnée.* — Un tambour ?...

Sangène. — Mais non... un bonbon !... Vous êtes là à nous dévorer sous le nez des petits bonbons qui paraissent exquis !...

on devine ça au son qu'ils rendent sous la dent... (*Elle lui donne un bonbon.*) Merci... vous êtes généreuse... moi, j'aime qu'on soit généreux... c'est une qualité de qualité supérieure, pour les femmes, surtout...

La Duchesse, *son crayon d'une main, un petit carnet de l'autre.* — J'attends pour inscrire... à qui le tambour ?...

Le duc de Grenelle, Sangène et lady Salycok, *ensemble.* — A moi !!!

Lady Salycok. — Il est bien certain que vous allez m'abandonner cet instrument... vous voyez que je le désire !...

La Duchesse. — Hum !... Hum !... (*A lady Salycok.*) Tirez-le plutôt au sort... au moins, vous avez une chance...

Le duc de Grenelle. — La galanterie me fait un devoir de m'effacer... je m'efface...

Sangène. — Moi pas !... tirons !...

Le Duc de Grenelle. — Quand on pense

que c'est à un arrêt de bannissement que ce pauvre tambour doit sa plus grande popularité !...

SANGÈNE, *blaguant*. — Ce qui prouve que les mesures de rigueur font toujours tort à ceux qui les prennent au profit de ceux contre lesquels on les prend !... leur exil immérité est, le plus souvent, leur seul mérite...

M. D'OKAZ, *agressif*. — C'est pour les Princes que vous dites ça ?...

SANGÈNE. — Qui est-ce qui vous parle des Princes ?... Il s'agit de tambour... (*A la duchesse.*) — Madame, je demande la parole...

LA DUCHESSE. — Allez !

SANGÈNE. — Je propose un vote d'urgence pour expulser de la symphonie un orléaniste militant... qui rendra l'accord impossible... Madame, j'en appelle à votre sagesse ?... ça ne peut pas aller... convenez-en ?...

La Duchesse, *riant*. — Voyons?... soyons sérieux, si ça se peut?...

Sangène. — Mais c'est parce que je le suis, sérieux, que je veux...

La Duchesse, *lisant son petit carnet*. — Piano!... qui veut le piano?...

(*Personne ne dit mot.*)

La Duchesse. — Comment?... personne ne répond?... Madame de Nanterre?... vous qui avez un si charmant talent?...

Mme de Nanterre. — Mais... je craindrais de n'être pas de taille à supporter une telle responsabilité... le piano est le guide des autres instruments, et je n'ose vraiment me risquer à...

Sangène. — Lisez entre ces lignes : « C'est précisément parce que j'ai un vrai talent que je serais au désespoir de le galvauder... prenez un bon petit talent négatif... un de ceux auxquels on demande de jouer : « un petit bout de cotillon pendant que les musiciens mangent? « Tenez,

Madame, non seulement je traduis d'une façon intelligible la pensée de mon charmant confrère, mais encore je vous ai trouvé son remplaçant... prenez d'Oronge!... c'est tout à fait de son affaire, croyez-moi...

M. D'ORONGE. — Mais... je proteste... je...

LA DUCHESSE, *écrivant.* — Ne protestez pas, vous êtes inscrit !...

SANGÈNE. — Avec tout ça, on n'a pas encore tiré au sort ?...

LA DUCHESSE. — Quel sort ?...

SANGÈNE. — Pour le tambour ?...

LA DUCHESSE. — Allons, bon !... une loterie, à présent !... ça manquait !... vraiment, mon cher enfant, vous n'êtes pas assez galant... je voudrais vous voir, au contraire, céder aux caprices de ces dames...

SANGÈNE, *d'un air sérieux.* — Ça m'entraînerait bien loin !...

LA DUCHESSE. — Un jeune homme de votre âge devrait saisir toutes les occasions d'être aimable pour les femmes, de les satisfaire en tout...

SANGÈNE, *d'un air navré.* — Oh! madame!... c'est vous qui me donnez de mauvais conseils!...

LA PETITE DE REBONDY. — Est-il assez agaçant, ce Sangène!...

SANGÈNE. — Je voudrais bien voir la tête que vous feriez si on vous refusait un instrument, vous?...

LA PETITE DE REBONDY. — Je ne sais pas comment elle serait, ma tête!... mais bien sûr elle serait moins grinchue que la vôtre!... Prenez le tambour de basque, puisque l'autre est donné?... qu'est-ce que ça peut vous faire?...

SANGÈNE. — J'avais compté sur un effet monstre!... Je me déguisais en lapin... en lapin blanc!... on me plaçait sur une grande planche verte, à roulettes... et avec mes petites baguettes... toc... toc... vous comprenez?... je représentais le joujou?...

le petit lapin qui bat du tambour...

CHOEUR DE VOIX SUPPLIANTES, *s'adressant à Lady Salycok*. — Rendez-lui le tambour!

LA COMTESSE, *essayant de reprendre son petit travail*. — Crécelle... la crécelle?...

LA COMTESSE ICHLIEB. — Est-il difficile d'en jouer?...

SANGÈNE. — Pas du tout!... il suffit de faire ça... (*Il tourne, en faisant le moulinet avec son bras et accroche la dentelle du bonnet de la duchesse.*) Oh!... pardon, madame!...

LA DUCHESSE. — Vous me demanderez pardon à un autre moment... à présent, continuons à nous occuper de notre organisation... Si vous passez votre temps à dire ou à faire des bêtises et à demander pardon, nous n'en sortirons pas...

SANGÈNE. — Vous nous l'avez déjà dit, madame...

LA DUCHESSE, *riant*. — Autrement dit : Madame, vous rabâchez...

SANGÈNE. — Oh !!!

LA DUCHESSE. — Nous disons donc : Tambour, Lady Salycok... Piano, M. d'Oronge...

SANGÈNE, *protestant.* — Mais non... Tambour, moi, puisqu'on a cédé... à cause du petit lapin...

LA DUCHESSE, *biffant.* — Soit : Tambour, Sangène ; Piano, M. d'Oronge.

SANGÈNE. — Je proteste encore. Pourquoi met-on Sangène tout court, tandis qu'on met M. d'Oronge... On ne me respecte donc pas du tout ?...

LA DUCHESSE, *agacée.* — En fait de respect, je vais vous exclure, moi !... ce sera plus simple !... (*Reprenant sa lecture.*) « Crécelle », la comtesse Ichlieb... Nous disons ensuite, « Corne d'appel...

JOYEUSE. — C'est pour lord Kismy, ça !

LA DUCHESSE. — Comme chasseur ?...

SANGÈNE, *à demi-voix à la petite de Rebondy.* — Non... comme mari et... ce qui s'ensuit...

Lord Kismy, *méfiant, cherchant à deviner ce que dit Sangène.* — Je crois que mon acceptation exciterait quelques critiques... M. de Sangène, par exemple, semble ne pas...

Sangène, *sautant en l'air gaiement.* — A la bonne heure !... En voilà un qui m'appelle « Mossieu de Sangène » ! Est-ce parce qu'il est fâché, je l'ignore ; mais il est de fait que c'est plus doux à mon oreille !...

La Duchesse. — Paix donc, on ne s'entend pas !... (*A lord Kismy.*) Vous disiez ?...

Lord Kismy. — Je crois que M. de Sangène faisait part de ses objections à Mme la vicomtesse de Rebondy...

Sangène, *à part.* — Née de Rirfray !... Pas possible !... cet homme a été domestique... dans sa première jeunesse, peut-être, mais il l'a été...

La petite de Rebondy. — Sangène, loin de me faire aucune objection, me disait au contraire que lord Kismy remplirait mieux que tout autre les conditions voulues...

Lord Kismy, *flatté*. — Alors, j'accepte, madame la duchesse...

La Duchesse, *lisant*. — Corne d'appel, lord Kismy!... cymbales?... à qui les cymbales?...

Joyeuse, Mme d'Inouy, M. d'Okaz et le petit d'Ebrouillar. — A moi!... à moi!...

Sangène. — Très demandées, les cymbales!... ça se comprend, d'ailleurs, c'est un instrument doux... discret...

Le petit d'Ebrouillard. — Mais je les demande parce que je sais en jouer, moi!...

M. d'Okaz. — Tout le monde sait, parbleu!... qui est-ce qui ne sait pas taper des machins l'un contre l'autre?...

Le petit d'Ebrouillard. — On croit que c'est facile, comme ça, à première vue... Ben, pas du tout... il faut du tact... beaucoup de tact...

Le duc de Grenelle. — En effet, moi j'en jouais à merveille... cet instrument a été très à la mode... l'orientalisme qui s'infiltrait...

SANGÈNE. — Arrêtez-le!... il va nous raconter les croisades!!!...

LE PETIT D'EBROUILLAR, Mme D'INOUY, M. D'OKAZ et JOYEUSE, *protestant*. — Mais nous les avons demandées les premiers, nous, les cymbales!!!...

LE DUC DE GRENELLE, *à la duchesse, avec amertume.* — Madame, puisqu'on proteste...

Mme D'INOUY. — Avec force...

LE DUC DE GRENELLE. — Je me retire...

TOUS, *avec espoir.* — Tout à fait?...

LE DUC DE GRENELLE. — Non, mais en ce qui concerne l'instrument que je désirais... et je ferai remarquer que c'est la seconde fois que je cède, ce qui, étant donné mon caractère bien connu, indique un vrai désir d'être utile aux pauvres...

SANGÈNE, *à demi-voix.* — Sans leur rien donner...

LE DUC DE GRENELLE. — Certes, d'ordinaire je ne cède pas... tout le monde le sait!...

SANGÈNE, *à la petite de Rebondy*. — Pourquoi éprouve-t-il le besoin de nous rappeler qu'il est une vieille mule?... nous le savons tous...

LA DUCHESSE. — Moi, j'inscris monsieur de Grenelle pour les cymbales, et je n'admets aucune espèce de réclamation... C'est entendu... à présent, le violoncelle?... qui le veut?...

LE DUC DE GRENELLE. — Permettez, madame, permettez... du moment que cet instrument ne m'a pas été spontanément accordé... je crois de mon devoir de...

LA DUCHESSE, *crispée*. — J'ai dit que je n'écoutais plus rien!... (*Elle reprend sa liste.*) Violoncelle?...

SANGÈNE. — Pour cet instrument-là, il faut un homme triste...

LA DUCHESSE. — Il faut surtout un homme qui sache en jouer...

Mme DE VYELGARDE. — Moi !...

LA DUCHESSE. — Vous savez jouer du violoncelle, madame de Vyelgarde ?...

Mme DE VYELGARDE. — Mais oui...

LA DUCHESSE. — C'est parfait... (*Elle écrit.*) Les trompettes, à présent... à qui donnons-nous les trompettes ?...

D'ULSTER. — A moi, si on veut... je sais en jouer...

TOUS, *surpris*. — A bah ! comment ça ?...

SANGÈNE. — Sa famille prévoyante et sévère l'avait jadis engagé dans un régiment de cavalerie, et dame... à ses moments perdus, il apprenait la musique...

LA DUCHESSE. — A d'Ulster les trompettes !...

D'ULSTER. — Pardon, mais une me suffira... et deux me gêneraient...

LA DUCHESSE, *riant*. — C'est vrai... je ne sais plus ce que je fais... j'ai la tête cassée !...

SANGÈNE. — Avant la symphonie ! déjà !... jugez un peu après...

Le duc de Grenelle. — D'ailleurs, il est sept heures... il va falloir nous séparer...

La Duchesse. — Sept heures!... est-il possible!... Il y a trois heures que nous sommes là et je n'ai distribué que sept instruments!

Sangène. — Ça fait deux instruments et quart par heure... c'est vraiment pas assez!...

A L'HOTEL-DE-VILLE

(Vie Parisienne, 11 avril 1885.)

I

PRÉLIMINAIRES

Le Comité de la Presse est rassemblé. On discute l'organisation de la fête de l'Hôtel-de-Ville.

M. Arthur Meyer est songeur. Il rêve une fête monstre, éblouissante, effaçant tout ce qui s'est vu de plus beau jusqu'ici, mais, néanmoins, ne coûtant pas trop cher, pour ne pas manger l'argent des pauvres.

La Vie Parisienne. — Bah ! Laissez donc vos économies !... pourquoi lésiner ?... Tenez, un moyen bien simple de trouver de la monnaie... vous n'avez qu'à imposer Paris à un louis par tête, vous aurez tout de suite une somme, vous verrez ça !... on sera obligé de dépenser beaucoup d'argent pour faire quelque chose de bien !... D'abord, il faudra couvrir la place d'un vélum et la convertir en jardin...

M. Arthur Meyer. — Excellente idée !

La rédaction du Figaro. — Idée absurde !...

M. Arthur Meyer *à M. Rochefort, plongé dans la lecture d'un catalogue de tableaux.* — N'est-ce pas que c'est une excellente idée ?... ce sera charmant...

M. Henri Rochefort. — Si vous saviez comme ça m'est égal !...

La Vie Parisienne. — Ce vélum sera peint

par les premiers spécialistes modernes pour plafonds et tableaux de mairies ; MM. Clairin, Baudry, Gervex and C°... On priera ces messieurs de vouloir bien considérer que, n'ayant pas affaire cette fois au Gouvernement, ils peuvent soigner leurs œuvres. Une grande allée sablée d'or amènera au perron, elle sera recouverte d'une voûte de fleurs. Des fontaines parfumées entretiendront une douce fraîcheur... La place sera réservée aux jeux, tirs, petites boutiques...

M. Arthur Meyer. — Les boutiques tenues par la fine fleur du Faubourg Saint-Germain et du parti monarchique...

La Vie Parisienne, *narquoise*. — Bien entendu...

M. Arthur Meyer. — Si on fait une vente, Mme la duchesse de Verdun a bien voulu me promettre son gracieux concours...

La Vie Parisienne. — Naturellement !...

M. Andrieux. — Moi, j'offre une voiture

de somnambule nouveau modèle... révélations imprévues, anecdotes instructives...

La rédaction des Débats, *en chœur.* — Fi, monsieur, fi ! ! !...

M. Andrieux. — Flûte !...

M. Rang. — Qu'est-ce qu'il a dit ?...

M. Henri Rochefort. — Il a dit : Flûte !... et il faut lui savoir gré de n'avoir pas dit autre chose !... (*A M. Andrieux.*) Continue, Tombeau-des-Secrets, tu m'intéresses !...

M. Andrieux. — Fini pour aujourd'hui !... la suite à demain...

La rédaction du Figaro. — Truqueur, va !...

La Vie Parisienne. — Puisque vous insistez pour que je continue, je reprends l'exposition de mon projet, et j'arrive à la décoration de l'escalier.... Les marches seront mises en prairies...

La rédaction des Débats. — Ça sera une grosse dépense et le gazon, dès que c'est foulé, ça ne dit plus rien du tout...

La Vie Parisienne, *haussant les épaules.*
— Une prairie est une jonchée de fleurs coupées, jetées sur le premier tapis venu..

M. Henri Rochefort — Retenez ça pour une autre fois, les ankylosés !...

La Vie Parisienne. — Sur chaque marche, deux hommes en livrée...

M. Arthur Meyer, *vivement.* — Justement, on a bien voulu mettre à ma disposition soixante laquais...

La rédaction du Figaro. — Rouges !... Connus, les laquais rouges !... Et puis, on dit de préférence « des valets de pied »... c'est plus moderne...

M. Aurélien Scholl. — Un conseil par jour !... Boum !... ça y est !... ils l'ont placé !...

La Vie Parisienne. — Refusés, les valets de pied légendaires !... il faut du nouveau !... je propose des négrillons, mais de jolis négrillons, qui brûleront des parfums dans des cassolettes et distribueront des fleurs...

tubéreuses, muguets, mimosas, jacinthes, enfin des fleurs à odeur...

M. Arthur Meyer. — *Odore di femina !*...

La Vie Parisienne, *continuant*. — Parce que, dans cette foule... vous comprenez...

M. Arthur Meyer. — Sans doute, les émanations, au milieu de toute cette presse...

M. Henri Rochefort. — Cette « presse » ! un mot !...

M. Arthur Meyer, *modeste*. — Il a été involontaire !... je n'avais aucune idée, je vous jure...

La rédaction du Figaro. — Nous le pensons bien !...

La Vie Parisienne. — Les murailles seront couvertes de tapisseries prises aux Gobelins, et au Louvre... des lustres de vieux Venise, enguirlandés de fleurs naturelles, éclaireront... Pas de gaz, la lumière électrique sera tolérée dans les jardins seulement... Partout ailleurs, on n'admettra que la bougie parfumée, cire transparente anglaise... Pour le buffet, on installera un « *jardin de Pomone* » dans le genre de celui que Barras fit faire à Gros-Bois, lors d'une fête champêtre offerte à Mlle Lange... des murs seront revêtus d'un treillage doré, auquel grimpera une vigne, ou plutôt des vignes d'espèces variées, chasselas doré, lady Downe's, chasselas royal rose, black alicante, calabre blanc, gros coulard, muscat violet, grosse perle de Hollande, enfin tout ce qu'on pourra trouver de plus beau et de meilleur... on mêlera à la vigne quelques pêches d'espaliers : tétons de Vénus, pêches impériales et dames de Montreuil... Plantés dans des caisses de Saxe et de Delft et isolés ou en groupes semés çà et là, des pommiers et poiriers... il faudra tâcher de les avoir à la fois chargés de fleurs et couverts de fruits... les fruits, c'est meilleur, mais les fleurs, ça égaie beaucoup...

La rédaction du Temps, *timidement.* —

Mais, des fleurs et des fruits ensemble... c'est difficile...

La Vie Parisienne, *délibérément*. — Je ne dis pas non, mais Barras en avait...

M. Arthur Meyer, *le prenant de très haut.* — Puisqu'on vous dit que Barras en avait!...

La Vie Parisienne. — Je sais que ce sera cher...

M. Arthur Meyer, *emballé*. — Eh bien ! on augmentera les impositions, voilà tout!...

La Vie Parisienne. — Le buffet sera dressé sur des tables de laque de Chine rouge... on ne se servira que de Sèvres pâte tendre et de Chine famille rose, d'avant 1677...

M. Arthur Meyer, *radieux*. — Ce sera d'un chic exquis!... et Mme la duchesse de Verdun m'a promis de...

M. Aurélien Scholl. — Assez!... on l'a déjà dit!...

La Vie Parisienne. — Naturellement, les vins seront de première marque, les friandises de premier choix...

La rédaction des Débats. — Ou de second... pourvu qu'elles aient bonne mine, c'est le principal... et ça va faire une dépense, tout ça !...

La Vie Parisienne. — Gibiers rôtis, poulardes, galantine, truite saumonée, mayonnaise de langouste, salade russe, aspics de toute espèce, aux crevettes, aux cailles, aux huîtres, aux truffes, aux queues d'écrevisses, etc. ; alouettes à la gelée, bouchées à la reine, buissons d'écrevisses, riz au kirsch, velouté au chocolat, petits-fours, salade d'ananas, fruits frappés, bombe glacée, parfait, charlotte russe, pudding, compotes glacées, enfin tout sera choisi avec soin par des spécialistes... Il ne s'agit pas de servir à cette fête somptueuse...

La rédaction du Soleil. — Mais pourquoi somptueuse ?... est-il donc bien utile qu'elle soit somptueuse ?... c'est cher, une fête somptueuse !...

La Vie Parisienne, *continuant*. — ... des « consommations » comme celles des buffets ordinaires...

M. Arthur Meyer. — D'autant plus que le public sera de choix...

La rédaction de la Lanterne. — Crois-tu?...

M. Arthur Meyer, *choqué*. — Toutes les femmes du plus grand monde que je connais m'ont formellement promis d'honorer cette fête de leur présence...

La Vie Parisienne, *incrédule*. — Oh!!! enfin, c'est leur affaire!... mais à ce propos, je pense qu'il sera prudent d'installer un vestiaire... un vestiaire sérieux, où on puisse trouver quelques menus objets de toilette, tels que cravates blanches, gants, souliers de satin, bottines vernies... je crois que beaucoup de gens ne se présenteront pas très correctement vêtus...

M. Arthur Meyer. — Il y a tant de mal-appris!...

La Vie Parisienne. — Outre des brosses, du savon, de la poudre de riz et les objets ci-dessus indiqués, on pourra trouver aussi à ce vestiaire quelques conseils... conseils sur la tenue qu'on doit avoir, les sujets de conversation admis, la façon de marcher, de danser, de parler... On choisira, pour donner ces conseils, un homme du monde, familier des salons ultra-chics, incapable de commettre une action douteuse, une faute de goût, évitant l'impair, ignorant la gaffe... j'ai nommé M. Arthur Meyer!...

La rédaction du Gil Blas. — Oh! la la!!!

La Vie Parisienne. — Je propose donc que l'élégant directeur du *Gaulois* soit préposé au « *Vestiaire des Usages* », lequel sera, naturellement, installé au pied de l'escalier... tous les arrivants devront défiler sous l'œil vigilant du préposé, lors même qu'ils n'auraient ni pardessus, ni canne, ni parapluie à déposer au vestiaire. Les « *dames seules* » devront être munies d'un bras par les soins de M. Arthur Meyer, qui devra en outre leur donner quelques bons conseils, les rassurer si elles sont timides et les calmer si elles sont disposées à aller trop de l'avant... Il voudra bien leur apprendre, par exemple, que, quel que soit le degré d'intimité qui les unit à leur danseur, elles ne devront sous aucun prétexte lui poser en dansant les mains sur les épaules, ni frotter leur joue contre la sienne à la fin de la figure, cela pouvant être mal interprété... Le préposé devra respecter scrupuleusement le rang d'entrée des sujets qu'il revisera et n'accorder aucun tour de faveur... Il ne tolérera non plus aucune familiarité trop tendre et refusera formellement de se laisser embrasser par les dames... tant qu'il sera dans l'exercice de ses fonctions, s'entend...

LA RÉDACTION DU FIGARO. — Même par les dames du plus grand monde ?...

M. Aurélien Scholl. — Surtout pár celles-là !...

La rédaction du Gil Blas, *se levant comme un seul homme et allant serrer la main à Arthur Meyer*. — Devant de telles épreuves, les plus terribles rancunes doivent se taire...

M. Arthur Meyer, *ému*. — Merci, messieurs, merci !... Vous le voyez, je suis l'homme de tous les dévouements...

La Vie Parisienne. — Bien entendu, la visite du préposé s'étendra à MM. les conseillers municipaux et à leurs épouses, ou aux dames qui leur en tiennent lieu... si ces messieurs ou leurs amis et connaissances avaient des clous à leurs souliers, on les prierait de changer de chaussures au vestiaire... Pour « leurs dames », on n'acceptera ni les bottines de feutre, ni les chaussures à vis... le soulier de satin noir ou blanc et le soulier de chevreau blanc ou de couleur seront seuls admis...

Le préposé voudra bien aussi prier celles de ces dames qui auraient fait la débauche d'une paire de bas de soie, de ne pas trop chercher à se faire honneur de cette folle dépense... Il les préviendra que les municipaux (pas les conseillers, les gardes) sont chargés de veiller, avec la même sévérité qu'à l'Élysée-Montmartre, sur la correction des danses...

M. Arthur Meyer aura aussi l'extrême obligeance de flairer, avec le plus grand soin, les gants, et de refuser impitoyablement l'entrée des salons à ceux qui seraient nettoyés à la benzine...

M. Arthur Meyer. — J'avais pensé à proposer à la Presse d'avoir en réserve quelques jolies toilettes... on pourrait ainsi parer les jolies femmes dont la tenue ne serait pas en rapport avec la beauté...

La rédaction du Gil Blas. — Et on se ferait ainsi des amies...

La Vie Parisienne. — Mais comment

donc?... M. le préposé va annoncer qu'il y a un crédit ouvert chez Laferrière et chez Félix, pour toutes les femmes (jolies) qui voudront faire faire une toilette pour la fête nationale... un crédit de... combien?... Voyons, vingt-cinq louis par toilette?... c'est un peu juste, mais enfin...

La rédaction des Débats, du Soleil et de plusieurs autres journaux, *montrant* la Vie Parisienne. — Il faut la faire enfermer!...

La Vie Parisienne, *continuant*. — M. le préposé recommandera aux cocottes de n'avoir pas une tenue d'enterrement... on ne peut guère compter que sur elles pour égayer la fête et, si on les gênait en leur parlant des femmes du plus grand monde... qui n'y seront certainement pas...

M. Arthur Meyer, *vivement*. — Comment, qui n'y seront pas?... mais il y en a qui viendront... et du meilleur... j'en suis sûr... elles me l'ont promis...

La Vie Parisienne. — Possible, mais le préposé fera sagement d'user de son influence sur les cocottes, pour les engager à être « elles-mêmes »... La plupart d'entre elles ne viendront pas et enverront leurs femmes de chambre auxquelles elles prêteront une toilette défraîchie, mais présentable... De même pour éviter toutes les faces rasées des cochers, valets de chambre, valets de pied, maîtres d'hôtel, etc.., qui viendront avec les billets dont les maîtres ne se serviront pas, on pourrait avoir au vestiaire une grande quantité de moustaches... sans ça on se croira positivement au bal des gens de maison...

M. Arthur Meyer. — Mais... m'occuper de ces détails...

La rédaction de la Lanterne. — Allons donc !... tu canes !... est-ce que tu n'es plus un frère?...

La Vie Parisienne. — Pour vous consoler, voici un contrôle plus amusant... c'est celui de la hauteur des corsages... il faut que chaque corsage ait, au moins, quinze centimètres de hauteur derrière, et vingt centimètres devant ..

M. Arthur Meyer, *pudique*. — Oh ! c'est bien peu ! ! !

M. Aurélien Scholl. — C'est assez !... M. Alphand a fait le calcul...

La Vie Parisienne. — Le préposé aura soin de vérifier avec la plus grande attention...

La rédaction du Gil Blas. — Oh ! schoking ! ! !

La Vie Parisienne. — Les quinze centimètres du dos doivent se mesurer en prenant le milieu de la taille jusqu'au petit creux placé entre les épaules, et les vingt centimètres du devant, en prenant également le milieu, de la ceinture au petit creux correspondant...

M. Henri Rochefort. — On n'a pas besoin d'aide ?...

LA VIE PARISIENNE. — Le préposé veillera à ce que les arrivants n'aient dans les poches de leurs habits que des objets utiles à leur consommation personnelle, tels que : mouchoir, porte-monnaie, carnet, pelote de ficelle, couteau, crayon, etc... Les jeux de cartes et les revolvers seront retenus au vestiaire et rendus au propriétaire à la sortie seulement... les pipes odorantes, seront également ôtées des poches... ici, comme pour le nettoyage des gants, on s'en rapporte absolument au flair merveilleux du préposé...

M. ARTHUR MEYER, *protestant*. — Mais... une telle besogne répugne à ma délicatesse bien connue...

M. MAYER, *de La Lanterne*. — Silence !!! ou je dis tout !!!...

M. ARTHUR MEYER. — Et puis, il est matériellement impossible que je parvienne à visiter toutes les poches...

M. AURÉLIEN SCHOLL. — Mais si !... on

priera Alphand de faire le calcul... (*Il récite.*) « Combien M. Arthur Meyer — qui n'est pas un homme ordinaire — peut-il fouiller de gens par heure ?.., »

LA VIE PARISIENNE. — Le préposé peut, pour ce dernier travail, se faire aider par sa rédaction, mais il ne devra sous aucun prétexte, abandonner, — ne fût-ce que pour un instant, — « *le Vestiaire des Usages* ». car dans le cas où quelques dissentiments légers ou autres naîtraient du coudoiement de tant d'opinions diverses, c'est lui encore qui sera chargé du rôle si beau de pacificateur... Les municipaux auront l'ordre de descendre immédiatement les dissidents « au vestiaire des usages », où le préposé leur adressera quelques mots bien sentis..... Avec cette gravité douce et sûre d'elle-même, qui donne à sa parole un charme pénétrant M. Arthur Meyer calmera rapidement les esprits les plus troublés...

M. ARTHUR MEYER. — Il est certain que le

rôle duquel on me charge est tout à fait dans mes cordes, mais il est aussi terriblement fatigant... je serai exténué, brisé, anéanti... n'importe, j'accepte!...

LA RÉDACTION DE LA LANTERNE, *en chœur*. — Noble ami!...

M. MAYER, *de La Lanterne, se levant et venant donner l'accolade à M. Arthur Meyer*. — Et si vous avez besoin de renfort, nous sommes là!... vous pouvez compter sur nous...

M. ARTHUR MEYER. — Je le sais...

M. AURÉLIEN SCHOLL. — Avez-vous fini?...

UN RÉDACTEUR DU FIGARO, *bâillant*. — C'est d'un long, cette séance!... (*Illuminé.*) Attends, va!... — (*Il s'esquive sans être vu.*)

UN VALET DE PIED, *entrant*. — Une dame demande M. Arthur Meyer... c'est une femme du monde...

M. Arthur Meyer s'élance dehors.

La séance est levée.

II

PENDANT LA FÊTE

Au pied de l'escalier, les domestiques groupés attendent leurs maîtres et épluchent les arrivants. Très peu de valets de pied ayant bon air. La plupart sont vêtus de livrées qui ne sont pas faites pour eux. quelques-uns ont des moustaches.

UN DES DOMESTIQUES, *regardant d'un air de profond mépris le flot des arrivants :*

— Tas d' mufes!!! (*Il tire sa montre.*) Ah! mais! Ah! mais!... ça va finir, cette plaisanterie-là!... j' commence à en avoir plein l' dos, moi!...

Un petit groom de 15 ou 16 ans, *regardant avidement d'un air stupéfait.*

— On en voit pourtant d' drôles!...

— T'as donc jamais été dans l' monde?...

— Si, mais pas dans c'ui-là !... Oh!... la belle femme !... mâtin !...

Plusieurs voix. — Où donc?...

— Là... là... vous n' la voyez pas?...

— Ah! si!... c'est la femme colosse qui s'aura sauvé d' la place du Trône...

— Mais non... celle à côté... en bleu... avec des diamants!...

— C'est Mlle de Chatou... Salue, mon p'tit !... si t'avais autant d' campagnes qu'elle, tu serais moins frais qu' tu n'es...

— C'est un' artisse ?...

— Si on veut... dans son genre...

— Est-ce qu'elle chante ?...

— Non... elle fait chanter ..

(*Un monsieur descend péniblement l'escalier, luttant contre la foule qui monte.*)

Un des valets de pied. — T'nez, v'là mon

singe!... y vient m' chercher pour la voiture... (*Il se dissimule derrière les autre domestiques, Le monsieur regarde attentivement de tous côtés.*)

LE DOMESTIQUE, *se baissant pour se cacher*. — Eh! va donc!... vieux sapajou!... tu peux ouvrir tes châssis, va!... ça m' gêne pas...

UN DES AUTRES DOMESTIQUES. — Montre-toi donc!... faudra toujours bien aller la chercher, la voiture?...

— Parbleu!... j' sais bien qu'y faudra y aller... mais il ira, lui!... elle doit être du côté d' la place des Pyramides, la voiture!... au pied d' Jeanne d'Arc ou dans ces environs-là .. y n'a qu'à s'y cavaler, ça l' dégraissera!...

— Et pis après?...

LE DOMESTIQUE. — Après, j'y dirai qu'il a pas su m'trouver...

(*Le monsieur, après avoir inutilement regardé de tous côtés, se décide à sortir.*)

LE PETIT GROOM. — Qu'est-c' que c'est que

l' beau monsieur devant qui qu' tout l' monde défile?...

— C'est l' maît' des cérémonies... l' préposé au vestiaire des usages... l'est chouette, hein?...

Un autre domestique. — Allons! v'lan!... à mon tour maintenant, v'là mes patrons!... (*Il montre un monsieur et une dame qui descendent.*) Non, mais là, sont-y cauchemardants, j' vous l' demande?...

— Pas mal comme ça!... qu'est-ce qu'y tripotent à leurs moments perdus, ces idiots-là?...

— Eux?... c'est d' la banque...

— Youtre?...

Le domestique, *blaguant*. — Allons donc!...

Un domestique a moustache, *bâillant à se décrocher la mâchoire*. — Tonnerre!... il est une heure et demie!... et dire que d'main matin faudra être à sept heures à frotter l' salon...

— En v'là un' sévère!...

— C'est comme j' te l' dis... et avec madame sur l' dos, encore !...

— Mais si é veille jusqu'au jour, é sera pas levée à sept heures, voyons ?...

— Non ?... Ah ! ben ! on voit qu' t'as pas servi chez les nouvelles couches, toi !...

UN GROS VALET DE PIED, *à un domestique qui attend d'un air résigné.* — Et toi ?... t'as pris ton parti, toi ?...

— Ma foi oui !... mon singe doit être terré dans quelque coin... en train d'raconter ses souvenirs...

— Ah ! ! ! (*Un temps.*) on dit qu'il est charmant, Andrieux ?...

— C'est bien possible !...

— Comment, c'est bien possible ?... c'est donc pas chez lui qu' t'es ?... tu dis : « Y raconte ses souvenirs », alors...

— Mais non... j'suis chez un vieux qu'a connu toutes les femmes d'Paris...

— Bigre ! ben, que'qu'fois, tu n'dois pas t'embêter, dis donc ?...

— Ah ! y n'est plus question d'ça !...

— Pas hurphs, tout d'même, les borgeois qui grouillent ici !...

— Dame !... c'est des boutiquiers, des cocottes, des gens dans l' mouvement, l' gouvernement.....

— Méfiance, v'là un ancien minist' !...

— Oh ! la la, qué tronche !...

— A' c'te niche !...

— As-tu fini d' faire des magnes ?...

— Oh !... y nous salue !...

— Eh ben, est-ce que nous sons pas des électeurs ?...

— Franchement, qui qui peut bien v'nir à un bal comme ça ?...

— Un bal ?... c'est pas un bal !... c'est un ressemblement !...

— Un métingue ! ! !

— T'nez, v'là encore un ancien minist' !...

— Justement !.. un pauv' ouverrier sans ouvrage...

— Enfin, qui est-c' qu'y vient ici, minist' à part?...

— Ben, j' vous l' dis, l' gouvernement...

— Ah!... M'sieu Grévy est là?...

— Pas lui!... ça y userait son habit!... et pis, c'est pas l' gouvernement, m'sieu Grévy!...

— Ben, qui est-ce qu'est l' gouvernement, alors?...

— L' Conseil municipal, donc!...

— Il est là, l' Conseil?...

— J' te crois!...

— Mais y a pas qu' ça?...

— Non, y a la Presse .. c'est sa fête...

— Ah!... comment c' qu'elle s'appelle

— Est-y bête, ce môm' là?.. on t' dit que c'est la fête organisée par la Presse... la Presse, c'est les journaux... comprends-tu?...

— J' commence ... mais toutes les dames?... y en a des si belles!!!

— Les belles, c'est les cocottes!... les

aut' s', c'est toutes celles qu'est venues pour les voir...

— Ah !... y en a pas des aut's qui soyent belles ?...

— Pas ici, mon p'tit !... un' femme qui s' respecte n' met pas ses arpions dans des endroits pareils !... r'gardez-moi cette composition... même les hommes !...

LE PETIT GROOM, *montrant un vieux monsieur à l'allure sévère et compassée qui circule seul au milieu de la foule:*

— En v'là pourtant un qu'a l'air joliment distingué !.. y n' parle pas...

— Y n' parle pas?... c't' un orléaniste !...

— Ça ne parle pas, les orléanistes ?...

— Jamais !... d' peur de s' compromettre...

— Tiens !... ça s'appelle pourtant des parlementaires ?...

— C'est justement pour ça !... (*Il regarde le vieux monsieur.*) J' le reconnais !... c'est un Seize-Mayeux !... président d' la Société du doigt dans l'œil et qui n'a pas l' gousset percé, j' vous en réponds !... j' les déteste, moi, ceux-là !... y sont pleutres !...

— Oh! oui !... moi, qui sers chez un, j'en sais quelque chose... c'est vrai, ça !... j'aimais mieux les Décembraillards... au moins, ils étaient généreux, même quand y avait pas d'os !...

— Tiens, on dirait Ferry ?...

— Mais non !... c'est l' proposé au vestiaire qui s' donne d' l'air... c'est qu' vous l' voyez par derrière !... c'est les favoris qui vous ont fait croire ça... la bobine à Ferry est moins distinguée qu' celle-là !...

— Pensez-vous qu'y soye là, Ferry ?...

— J'pense pas... y a trop d' concurrence...

— Y doit r'gretter tout d' même d'avoir pas dit la vérité aux Chambres ..

LE GROS VALET DE PIED, *important*. — Bah ! un minist' peut pourtant pas faire autrement que d' badigeonner d' temps en temps la femme au puits...

— A propos d' ça... c'est y vrai qu'

Constans est r'nommé minist'?... ça serait honteux !...

— Pourquoi ?...

— Pa'ce que... vous savez bien... paraît qu'il avait assassiné un homme en le jetant dans un trou...

LE PETIT GROOM, *montrant un monsieur et une très jolie femme qui descendent.* — En v'là core un' qu'est rien bath !... c'est pourtant pas un' cocotte, celle-là ?... Y a un monsieur qui lui donne l'bras !...

LE GROS VALET DE PIED. — Fleur d'candeur, va !... pas une cocotte ?... Ah ! si !... et un' vraie !...

LE PETIT GROOM, *atterré*. — Non ?... pas possible !... la belle petite jeune dame là ?...

LE GROS VALET DE PIED. — Hum ! Jeune ?... tu sais, si tu t'figures qu'elle a quinze printemps et pas d' corset, tu t'illusionnes, mon p'tit !...

LE PETIT GROOM. — Oh !... et l' monsieur, alors ?... c'est lui qui paye ?...

— Allons donc!... y n' donnerait pas l' bras, si y payait!... c'est plutôt l' contraire...

— Ah! bah!...

LE GROS VALET DE PIED, *montrant un groupe qui passe.* — V'là des grosses légumes d' la finance!... ils ont pas perdu à la guerre, allez, ceux-là!...

— Comment ça?...

— Pa'c' qu'on leur communiquait les dépêches, à eux!.. alors, tandis qu'on fichait d'dans les Chambres en leur dégoisant les godans qu' vous savez, comme ils avaient les vraies nouvelles ils prévoyaient la baisse et y jouaient en conséquence... c'est pas plus malin q'ça!...

— C'est pouvantable!...

— Pourquoi?... c'est les affaires!... on n'fait pas du sentiment quand on est dans les affaires..

— Vous direz c'que vous voudrez, c'est des monstres, ces gens-là!...

— Y sont là à causer... qu'est-ce qu'ils attendent ?...

— J'sais pas... ils attendent p't être qu'on leur crache à la figure...

— Ma parole, en v'là encore qu'arrivent !... c'est effrayant !... Oh !... regardez la grosse qu'a des bottines en étoffe !...

— En prunelle, on appelle ça d'la prunelle... t'as donc jamais lu Paul de Kock ?... elle va pas les garder, ses bottines !... l'préposé au vestiaire va les lui ôter...

— Lui-même ?...

— Décidément, t'es bête, mon p'tit !... un mossieu comme ça !... un futur ambassadeur !...

— Ah !... c'est un ambassadeur !...

— Pas encore... mais dans six mois y l'sera... il a dit comme ça, dans une maison du monde où j'servais l'dîner, qu'dans six mois monseigneur le comte de Paris serait sur l'trône et qu'on lui avait promis une ambassade...

— Quand est-ce qu'y disait ça?...

— Y a un an à peu près...

— Alors, c'est un coup qui aura raté?...

— V'là un groupe chic qui se r'tire... Oh! l'petit gommeux, est-y chouette, hein?... l'est tout pâle...

— Ça donne tout d'suite l'air comme if, un teint comme ça!... on dirait un machabée...

— Et ses souïers!... y font loucher tant qu' c'est qu'y r'luisent...

— Et la cravate?... l'nœud d'la cravate?...

— Moi, j'aime mieux la dame...

LE GROS VALET DE PIED. — Bah!.. t'es pas dégoûté!... l' fait est qu'elle vous a un galbe... (*D'un ton sentencieux.*) Ça, c'est un femme honnête qui s'ennuie et qui prendrait ben un' distraction...

— Vous voyez ça?...

— Tout d'suite!... ça doit même être une p'tite femme plus gourmande d' bêtises qu' d'aut' chose...

— Ben! dans c'cas, l'machabée doit faire l affaire...

— Et les dames du gouvernement?... où qu' c'est qu'é sont, les dames du gouvernement?...

— La grosse aux bottines en drap en était une!... en v'là core une, là, qu'a un' robe fripée qu'a l'air taillée dans un vieux pépin... est-elle assez vilaine, hein, avec ses quinquets au jambon?... Non!... (*Il montre la dame qui est très décolletée.*) mais y a-t-y du bons sens de s'décarcasser comme ça quand on n'a pas d'quoi?...

— Y vont donc eux-mêmes chercher leurs roulantes, tous ces gens-là?...

— Ah! ouat! des roulantes!!! ils ont leurs landaus à baleines, c'est assez bon pour eux!...

— Tiens, v'là Baptiste qui s'cavale... l'est épatant avec son sifflet!...

— C'que c'est pourtant qu'd'être dans un' bonne maison!... son bourgeois, qui n'se galvauderait pas là-d'dans, y a donné son entrée... et y s'pavane là-haut, pendant qu'nous faisons l'pied d'grue ici!...

— Dites donc, y a bien plus d'gens d'maison en invités qu'en exercice...

— Voilà, avant d'se placer, on d'vrait toujours savoir chez qui on entre... prendre des renseignements sérieux...

— En v'là deux qui s'engueulent!...

— C'est des députés qui s'croient à la cambuse aux potins... ksss!... ksss!...

— C'est amusant!... y vont s'bouffer l'nez, si ça continue... ksss!... ksss!...

— Silence!.. v'là la belle madame Kismy!..

LE PETIT GROOM. — Un' cocotte?...

LE GROS VALET DE PIED. — Pas tout-af!

— Mâtin! elle vous a un œil!...

— L'malheur, c'est qu'on l'connaît trop l'menu!...

— Ah! çà, y a donc qu'des tarés, ici?...

— Dame! j'vois pas l'intérêt qu'les autres auraient à y v'nir...

— Est-ce qu'on joue, là-haut?...

— Je crois qu'oui...

— Ben... on doit joliment piquer la carte...

— En font-y un boucan!...

— En v'la core un' qu'a des bottines qu'on fait changer..

— Mazette!... l'préposé doit en avoir sa claque... d'puis cinq heures qu'on lui débouche des flacons comme ça sous l'nez!...

— C'est un homme d'cœur, y sait souffrir pour la patrie...

LE GROS VALET DE PIED. — Vlà ma guenon!... Enfin!... c'est pas trop tôt!... (*Montrant la foule qui roule et se bouscule effroyablement.*) Pour c'qui est d'être la fête d'la « presse », ça l'est bien!!!

L'ANTICHAMBRE DE LA COUTURIÈRE

(Une petite pièce sombre entourée de banquettes sur lesquelles sont assis les valets de pied qui attendent ces dames. Va-et vient continuel des essayeuses et des premières. De temps à autre, une nouvelle cliente entre et traverse l'antichambre. Les garçons de courses bouclent les courroies des grandes caisses recouvertes de toile cirée. On appelle les commandes, on crie les adresses. Au milieu de ce bruit, les valets de pied échangent leurs impressions.)

UN VALET DE PIED CORRECT (*grand par-*

dessus mastic, *chapeau anglais*). — Il est cinq heures!... à deux heures nous étions d'jà là!... l'est enragée!...

Un valet de pied, *en habit bleu barbeau, gilet jaune, culotte de panne noire*. — Ben, l'en fait faire des toilettes, vot' patronne... l'est douillarde?...

Le valet correct. — Ah! ouat!... y a beau temps qu'elle s'est défilée!... y doit y avoir deux sorties à la maison... l'est je ne sais pas où... ou plutôt si... j' m'en doute!...

Un petit valet de pied, *nouveau chic. Pardessus droit anglais bleu marin à col de velours*. — Moi aussi, j'm'en doute!...

Le valet de pied bleu barbeau. — Oh! c'est du monde comme ça!...

Le valet de pied correct, *froidement ironique*. — Mossieu est scandalisé?... faut d'la tenue à mossieu?... (*Changeant de ton.*) Oh! la la!!! t'as donc servi à la Comédie-Française?...

Le valet bleu barbeau, *vexé*. — Enfin,

madame la marquise vient ici pour essayer, elle !...

Le petit valet de pied nouveau chic. — Ben, ça prouve qu'elle a pas mieux à faire !...

Le valet bleu barbeau. — .....

Le valet correct. — Ça t'colle sous bande, hein, ça, mon vieux ?... c'est bien vieux jeu, les marquises !...

Le valet bleu barbeau, *indigné*. — C'est une marquise pour de vrai !...

Le valet correct. — Raison d' plus ! un' marquise pour de vrai qu' essaye sa robe pour de bon ?... si tu crois qu' c'est pas vieux jeu !...

Le valet bleu barbeau. — Et vous, vous êtes dans l'faubourg aussi ?...

Le valet de pied nouveau chic. — Des injures !...

Le valet de pied correct. — Moi, j'suis chez un' artiste...

— Peintre ?...

— Non... qui joue la comédie,.. l'est au théâtre.....

— La place est bonne ?...

— Xcellente... on a bien ses petits ennuis comme partout... l'est un peu chienne par moments... quand y a quelqu'un... mais elle m' dédommage dans l'intimité...

— Veinard !...

— Oui... quand nous rentrons du théâtre et qu'elle est d' bonne humeur, elle me fait souper avec...

LE VALET DE PIED NOUVEAU CHIC *qui a « des lettres », fredonnant.* — Bon souper, bon gîte et le reste...

LE VALET BLEU BARBEAU. — Voilà d' ces profits qu'on n'a pas dans l'faubourg !...

LE VALET DE PIED CORRECT, *goguenard.* — Non... mais on a l'prestige... et un bel habit bleu barbeau comme ça !...

(*Une dame entre. Elle est élégante et jolie, mais elle n'est plus de la toute première jeunesse. Tous, en apparence indifférents, l'examinent sournoisement.*)

— Mâtin ! quel galbe !...

— Oh ! si on veut ! é' doit met' du temps à faire sa façade !...

— Y vous faut des primeurs ?...

Le valet bleu barbeau. — J' la trouve superbe, cette femme-là !... sa démarche est majestueuse, son port de tête d'une noblesse excessive...

Le valet de pied nouveau chic. — Malheur !... rien que ça de style !...

Le valet bleu barbeau, *interloqué*. — Mais...

Le valet de pied correct. — C'est une ancienne à moi, la dame que vous r'luquez tous...

Le valet bleu barbeau, *saisi d'admiration*. — Non !!! pas possible !...

Le valet de pied correct. — Qu'est-ce qu'y a d'étonnant à ça ?... c'était même un' bonne place...

Le valet bleu barbeau. — Ah !... c'est une ancienne place que vous voulez dire... j' comprenais autre chose...

Le valet de pied correct, *pincé*. — Si ça eût été, je n' le dirais pas... l'est d' ces choses qu'il est d' bon goût d' garder pour soi...

Le garçon de courses, *chargeant une immense caisse sur ses épaules.* — L'adresse, s'y-ou-plaît?...

(*Voix partant de la pièce où est la caisse.*)

— Mme la baronne de Malcalmé !... 60 *bis*, rue Tilsitt...

Le valet de pied nouveau chic. — C'est pour chez nous, c'colis !...

Le valet de pied correct. — Ah ! t'es chez les Malcalmé, toi !...

— Mais oui...

— Et la baronne?... toujours farceuse, pas vrai?...

— Oui... mais truqueuse comme pas

une... elle en fait voir d'toutes les couleurs au baron...

— De grises surtout!...

— Si elle ne lui en fait voir que d'cette couleur-là, y n'a pas encore trop l'droit d'se plaindre...

LE PETIT VALET DE PIED NOUVEAU CHIC. — Quelle femme que madame!!... jamais elle ne s'coupe...

— Et l'mari?...

— L'mari... Oh!... y n'm'intéresse pas, l'mari!... j' l'étudie superficiellement...

(*Entre une cliente, petite, potelée, boulotte, très bien habillée.*)

CHOEUR. — Gentille, la p'tite poupée!

LE PETIT VALET DE PIED NOUVEAU CHIC. — Peuh!... trop ponnette, un peu bouletée, la hanche noyée...

LE VALET DE PIED CORRECT. — V'là des femmes qui coûtent cher!... faut qu'ça soye pomponné dans les grands prix pour qu'ça aye de l'œil pour deux sous...

Le valet bleu barbeau. — Pourquoi?...

Le valet de pied correct. — Pa'c'qu'y a pas d'ligne... et qu'la ligne c'est tout!... et que quand y en a pas, son remplacement coûte cher...

Un vieux valet de pied, *qui n'a pas encore parlé.* — Ben, moi, j'parierais que c'te petite mère qu'est passée là, doit être gentille tout plein en costume d'bain.. et même moins...

Le petit valet de pied nouveau chic, *montrant une très jolie femme qui vient d'entrer et parlemente à la caisse.* — Si ma patronne était de c'modèle-là, j'ferais des stations moins longues dans cette turne-ci... Mazette!... elle est campée, c'te femme-là!!!...

Le valet de pied correct. — Paraît qu'ça n'va pas comme é veut à la caisse... on arrête l'crédit...

Le petit valet de pied nouveau chic. — On a tort!... un' femme tournée comme

ça peut toujours payer quand elle veut...
et ça fait d'la réclame à la maison...

LE VALET BLEU BARBEAU. — Est-ce que c'est une femme entretenue ?...

LE VALET DE PIED CORRECT, *levant les épaules*. — Un' femme entretenue !!! on dit un' cocotte... un' belle petite... mais on n'dit pas un' femme entretenue...

LE VALET BLEU BARBEAU. — Enfin, en est-ce une ?...

LE PETIT VALET DE PIED NOUVEAU CHIC. — Pas besoin d'le demander !... y a qu'à la r'garder hancher... avec un peu d'usage du monde, on reconnaît du premier coup à qui on a affaire...

LE VALET DE PIED CORRECT. — Suffit pour ça d'avoir l'œil américain...

LE VALET BLEU BARBEAU. — Moi, j'suis d'Étampes...

UNE NOUVELLE VENUE *traverse l'antichambre. Elle est suivie d'un valet de pied auquel elle remet une pelisse de loutre et un tout petit chien.*

— Vous garderez Topsy, il me gêne pour essayer !... (*Elle disparaît dans le salon qui précède les salons d'essayage.*)

Le valet de pied, *grincheux, rognonnant.* — Ben, et moi ?... on croirait qu'y n'me gêne pas pour attendre !!! (*Il secoue le chien.*)

La Dame, *ouvrant la porte.* — Emballez-le dans ma pelisse... il a eu froid au Bois...

Le valet de pied. — Oui, madame la comtesse !... (*Quand elle a refermé la porte.*) et moi !... est-c' que j'ai pas eu froid au Bois, moi ?... si ça n'fait pas suer !...

Le valet de pied nouveau chic. — Bonjour, m'sieu l'comte !...

Le valet de pied au chien. — Tiens !... bonjour, baron !... (*Il se lève, et pose sur la banquette le petit chien qui se met à trembler affreusement.*)

Le valet de pied nouveau chic. — T'as

toujours des renseignements d' courses ?...

Le valet de pied au chien. — Toujours !... le frère de la patronne a encore son écurie, alors...

Le valet de pied nouveau chic. — Tu paries d'ssus?...

Le valet de pied au chien. — Jamais d'la vie !... rien à faire... (*Il hausse les épaules.*) y court droit...

Le valet nouveau chic. — Tiens!... pourquoi ?...

Le valet au chien, *riant*. — Il aime à voir triompher ses couleurs !... un' brute, quoi ! alors, turellement, l'écurie a ses hauts et ses bas... c'est pas d'l'argent sûr !...

Le valet nouveau chic. — Tu gagnes toujours?...

Le valet au chien. — Mais z'oui, général'ment !... j' connais l'ami d'un lad de l'écurie Jarret... d'ailleurs, pas besoin d'le consulter... s'y a une somme contre l'cheval... on est certain qu'y sera tiré à pleins bras... par conséquent, on peut toujours y aller d' son p'tit louis...

Le valet bleu barbeau, *au valet de pied au chien.* — Dites donc, vot' petit chien a froid, y n'fait que d'tousser!...

Le valet au chien. — Ben, j'm'en bats l'œil avec la pointe du pied, vous savez!... qu'y tousse si ça l'amuse... l'en al' droit!...

(*Une dame majestueuse entre, suivie d'un superbe valet de pied.*)

Le valet de pied correct. — Cristi!... en v'là, des bossoirs!!!

(*Le valet de pied de la nouvelle venue s'asseoit en souriant.*)

Le petit valet de pied nouveau chic. — Un' rude femme, vot' bourgeoise!... c'est à elle tout ça?...

Le valet de pied. — Parfaitement!... et quand j'y suis entré, c'était pis qu'un' canne à pêche...

Le petit valet nouveau chic. — Bigre!...

mes compliments... on est bien nourri dans la maison !...

Le valet de pied. — Euh ! euh !... des avares !... Monsieur surtout... c'matin, y s' sont presque crêpé l'chignon pour la facture d'ici... un' misère...

Le valet correct. — Combien ?...

Le valet de pied. — Vingt-huit mille... c'est vrai que c'n'est q'du premier décembre à aujourd'hui...

Le valet bleu barbeau, *saisi*. — Vous appelez ça un' misère ?... Ben, vous allez bien, vous !...

Le valet de pied correct. — Allons donc !... un' femme qui s'respecte n' peut décemment pas dépenser moins d' quatre mille francs par mois pour sa toilette...

Le valet bleu barbeau. — C'est gentil pour un mari, ça !... surtout s'il a des goûts simples.. et qu' sa situation soit pas riche...

Le petit valet de pied nouveau chic. — Ah ! l' fait est qu' s'il est employé à dix-huit cents francs, ça doit l'gêner considérablement !...

LA DAME AU PETIT CHIEN, *passant la tête à la porte au fond*. — Topsy n'a pas froid ?.. il ne m'appelle pas ?... pourquoi donc ne le posez-vous pas dans ma pelisse comme je vous en ai donné l'ordre ?...

LE VALET DE PIED. — J' l'y ai posé, madame la comtesse... mais y souffrait d'la chaleur.. y s' plaignait... alors, j'ai pas eu l'courage d'résister... j'l'ai ôté de dessous .. (*A part.*) Attends, va ! sale guenille de chien !... j'vas t'apprendre à geindre, moi, et à trembler !.. si ça donne pas envie d' s'asseoir dessus pour l' réchauffer !... Malheur !!!

LE VALET BLEU BARBEAU, *tout attendri, voyant que le petit chien cherche à s'élancer vers la porte où il vient d'apercevoir sa maîtresse*. — Pauv'bête !!! y veut rejoindre sa maîtresse !...

LE VALET DE PIED. — Comme si y n'est pas

aussi bien là !... si j'le laissais s'carapater dans la rue, hein ?... j'dirais que j'l'a perdu !... quel débarras !...

Le valet de pied correct. — Y va être sept heures !... nous aurons passé la journée ici !... (*A une des essayeuses qui passe.*) — Est-ce que madame en a encore pour longtemps ?...

L'essayeuse. — Elle se r'habille, monsieur !...

Le valet de pied correct, *résigné*. — A quatre heures moins un quart, on m'a déjà répondu ça !...

L'essayeuse. — Elle est peut-être partie ?...

Le valet de pied correct, *bondissant*. — Partie ?... sans moi !... Ah ! bien, j'voudrais voir ça, par exemple !... non, j'voudrais l'voir !...

Le valet de pied nouveau chic — Si elles essayent toutes depuis l'temps, é'doivent en avoir leur claque...

(*Peu à peu le mouvement de va-et-vient*

diminue dans l'antichambre. Il sort quelques clientes, mais il n'en arrive plus. Les essayeuses replacent, les costumes dans les grandes armoires de palissandre à coulisses.)

LE VALET DE PIED NOUVEAU CHIC. — C'est m'sieu l'baron qui va être content d'dîner à huit heures et demie... car nous n'rentrerons pas avant...

LE VALET DE PIED CORRECT, *étonné.* — Comment, il attend ?...

LE VALET DE PIED NOUVEAU CHIC. — Faut bien, aujourd'hui!... y a du monde!!...

LE VALET CORRECT. — Ah! vous m'en direz tant!...

LE VALET AU CHIEN, *prenant brusquement le petit chien sur ses genoux.* — Allons!... en position!... elle va sortir!!...

LA DAME AU CHIEN, LA COCOTTE DU VALET DE PIED CORRECT et LA BARONNE DU PETIT VALET DE PIED NOUVEAU CHIC *sortent presque en même temps.*

Les trois valets de pied *les suivent en lançant un regard méprisant au* valet de pied bleu barbeau, *qui attend toujours, impassible et respectueux, la venue de sa maîtresse.*

Le garçon de magasin vient baisser le gaz. La moitié des demoiselles et essayeuses disparaît. C'est l'heure des dîners. On n'entend plus qu'un chuchotement assourdi et confus, partant du salon d'essayage.

TABLE DES MATIÈRES

Dans l' train   5
Code du mariage   29
Au concours hippique.   73
Au buffet.   81
Matériel roulant des plages   123
Symphonie burlesque.   165
A l'Hôtel-de-Ville.   183
L'Antichambre de la couturière.   219

ÉMILE COLIN — IMPRIMERIE DE LAGNY

www.ingramcontent.com/pod-product-compliance
Lightning Source LLC
Chambersburg PA
CBHW071940160426
43198CB00011B/1473